全国小学生校园美文精品集萃丛书

舞动的红领巾

《语文报》编写组 编

时代文艺出版社

图书在版编目（CIP）数据

舞动的红领巾 /《语文报》编写组编. —长春：时代文艺出版社，2018.8（2023.6重印）
（"七色阳光小少年"全国小学生校园美文精品集萃丛书）

ISBN 978-7-5387-5859-7

Ⅰ.①舞… Ⅱ.①语… Ⅲ.①作文－小学－选集 Ⅳ.①H194.4

中国版本图书馆CIP数据核字（2018）第114676号

出 品 人　陈　琛
产品总监　郭力家
责任编辑　刘　兮
装帧设计　孙　利
排版制作　隋淑凤

舞动的红领巾

《语文报》编写组 编

出版发行 / 时代文艺出版社
地址 / 长春市福祉大路5788号　龙腾国际大厦A座15层　邮编 / 130118
总编办 / 0431-81629751　发行部 / 0431-81629758
官方微博 / weibo.com / tlapress
印刷 / 北京一鑫印务有限责任公司
开本 / 700mm×980mm　1 / 16　字数 / 153千字　印张 / 11
版次 / 2018年8月第1版　印次 / 2023年6月第5次印刷　定价 / 34.80元

编　委　会

目 录

001

别样的风景

色彩斑斓

心中的地方

有那样一抹色彩

我的理解

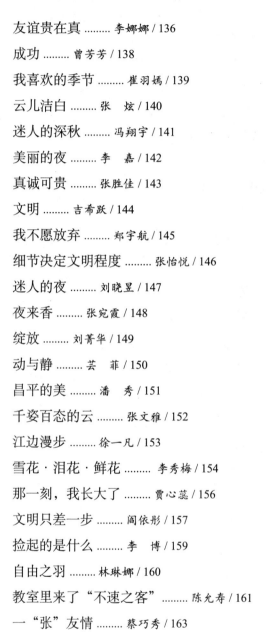

彩色世界

　　大千世界之所以美，自然少不了自然景物的点缀；人生之所以光彩，自然缺不了条条彩线的编织。生活中，总有那样一抹色彩，自然，澄澈，没有紫的沉静，没有红的绚丽，没有粉的甜美，但却让人无法忘记它的美丽。

小 花 园

张子璇

　　远远的，看见几棵柳树围着一颗"绿宝石"，金色的阳光浮在水面上，微风拂过，浮动的光便闪了金色，衬得那潭水更加碧绿，映出一座古色古香的石桥，像一条纯白的纽带，连着那覆满爬山虎的九曲回廊，别有一番江南水乡的滋味。

　　那廊上总是坐着几个背书的学生，低声诵读着那晦涩难懂的古文，却又听得不真切，反而给这宁静的画卷上添了一笔生动。在这午后阳光的笼罩下，伴着低低如絮语一般的背诵声，碧波平静，微风缕缕，叫我恍惚中进入了一个宁静的梦境，不忍醒来，唯愿那种宁静能够存留得久一些，再久一些。

　　可是总有几个调皮的学生，从远处嬉笑着跑来，人影还没看见，银铃般的笑声却早已远远传来，好似要为这梦境添上一抹欢乐的色彩。可是好学的孩子们依然专心地继续着那梦的絮语，编织着那恬静的梦，让人醉在那片湖光水影之中，久久无法自拔……

有那样一抹色彩

张　栋

　　大千世界之所以美，自然少不了自然景物的点缀；人生之所以光彩，自然缺不了条条彩线的编织。生活中，总有那样一抹色彩，自然，澄澈，没有紫的沉静，没有红的绚丽，没有粉的甜美，但却让人无法忘记它的美丽。清晨的雨后，生机勃发，一切都散发出一片清香，带着点点甜味。我们曾在雨后天晴中挽手漫步，却终抵不过岁月的流逝，岁月擦过指缝，擦出了世间最美的淡蓝色，装点出了最美的你。

　　"人生在世，挫折自然难免，若在挫折面前颓废、放弃、抱怨，那这条曲径还有阳光可言吗？挫折面前，面对才是捷径。"我在蓝色中进步。

　　有那样一抹色彩，很美，却又很平凡，点亮了我前进的路程。

夜

陈嘉源

时间流过了清晨，迎来了寂静的夜。在夜晚8点出来散步，是最好的事。走在路边的小道，柔和的月光透过树叶的间隙落下斑驳的影子，时而融入路灯的一抹淡黄色。风从道路中间吹过，带着两旁栽满了的树，风与树叶触击，点奏出轻轻的低吟，随风而响。路旁杂草的叶尖微微晃动，映着地上的影子，荡荡漾漾的，似乎那影子也在动，像搅碎了山影。温柔的月光打在花上，发出清新的芳香在空气中袅绕，藏匿在层层树叶中的小虫，有节奏地鸣叫，像浩大的演奏，也像轻盈的独唱。在这深蓝的帐幕下，声声蝉鸣，缕缕芳香，斑驳树影，浅浅低吟。

身处在这夜月柔和的空间，心中不禁飘然、陶醉。

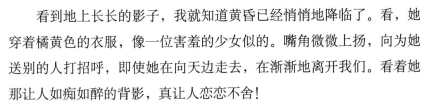

迷人的黄昏

李欣怡

看到地上长长的影子，我就知道黄昏已经悄悄地降临了。看，她穿着橘黄色的衣服，像一位害羞的少女似的。嘴角微微上扬，向为她送别的人打招呼，即使她在向天边走去，在渐渐地离开我们。看着她那让人如痴如醉的背影，真让人恋恋不舍！

我抬头望向天空，只见太阳的刺眼光芒已经不在，反而多了几分柔和。天空中的云朵，十分淘气，似乎对他们眼前的景色不太满意，一直在到处乱窜，一会儿变成诱人的金色棉花糖，一会儿变成可爱的小狗，一会儿变成帅气的骏马。瞧，那边多了一个豪华的宫殿。太阳的光辉越来越淡，站在高处，眺望着远方的晚霞，仿佛人间仙境一般的美好。

时间一点儿一点儿从指尖流过，从眼前跃过，不知不觉间，又到了一个秋收的时刻，这让我不禁想起了我的家乡……

站在一座小桥上，一抹夕阳的余晖洒在远处的田野上，一切看上去都是那么完美。一片玉米已经被收割完了，只留下一片黄色的玉米根。橘红色的夕阳与金黄色的田地交融在一起，这样并没有影响到田地和夕阳的美感。咦，那边有一个黑影，仔细看了好久，哦，原来是一个正在收割玉米的老伯伯。虽然看不到他脸上的表情，但是也能猜出他有多么高兴。渐渐，余晖开始散去，最后只留一片黑暗和一轮明亮的圆月挂在天空。银色的月光洒在金黄色的田地上，竟然也是那么的美。嘘，听，好像有谁正在说悄悄话呢……

成　功

温　昕

　　战国屈原幼时，不顾家人的反对，不论刮风下雨、天寒地冻，都要躲进山洞里偷读《诗经》。经过整整三年，他熟读了《诗经》，从这些民歌民谣中，吸收了丰富的营养，终于成为一位伟大诗人。由此可知，成功并非偶然，而是要靠日复一日锲而不舍的坚持。

　　《现代汉语词典》中，成功，是获得预期的结果。然而，这个预期的结果，必定需要一个过程，一个坚持的过程。

　　李嘉诚认为，成功靠"3Q"，即IQ（理性智商）、EQ（情绪智商）、SQ（心灵智商），但这其中多多少少受先天环境等因素的影响，并非个人可以抉择。好比有的人生得一副好容貌，一举一动都如仙女下凡；而有的人五官不精致也不突出，就自然而然稍显平凡。相比之下，爱因斯坦的"W（成功）=X（艰苦劳动）+Y（正确方法）+E（少说空话）"的成功公式就确切得多，就是因为其中的人为因素足够多，使成功掌握在了我们自己手中。定好了自己的目标后，只要仔细思考到正确方法，少说空话，埋头苦干，不断地向着那个"结果"走去，你就可能获得成功。但这同时也意味着，你必须为此付出不懈的坚持。倘若遇到困难就半途而废，那么你就不会得到任何一点点成果。

爱默生说过："有人认为成功要耐得住寂寞，有人认为成功需要锲而不舍的精神，需要点滴的积累，需要大脑的尝试，勇于面对失败。"的确，这个世界有太多诱惑，特别是在通往成功的路上，更有着如热带雨林般美丽景色，若想要避开这些吃人的花朵，就必须不停地提醒自己勿忘初心，锲而不舍，日复一日地积累经验，不断尝试。倘若你忍受不了寂寞，被沿途繁华吸引了目光，丢掉了锲而不舍的精神，成功的大门便不会再对你敞开。这些重重磨难都是你通往成功路上的试金石，如同厄尔布鲁士峰一般的阻碍，为了能够达到那个预期的结果，我们需要不懈地坚持，才能冲破阻碍，勇往直前！

所有预期的结果，前提都是有着不懈坚持的，如此，才能登上成功的顶峰。让我们不懈地坚持着、坚持着，爬上那最高耸的成功之巅。

007

光辉的背后

张佳琪

每一个光辉的背后，闪烁着点点珍珠，然而，它们却是成功必不可少的条件。

世纪伟人爱因斯坦，当他在获得成功、被人们称为科学巨匠时，他却说："人们把我的成功归于我的天才。其实，我的天才只是刻苦罢了。"

成功，并不是为懒惰的人准备的。倘若一个人日日懒惰无为，心中只妄想着成功，眼里只有天才，如此一来，他与成功的距离也只怕会渐行渐远。

成功，也不是天资聪慧的人与生俱来的。方仲永小的时候很聪明，不用人教就能写诗，也因为他与生俱来的天资，从此他便不刻苦学习，此后，也变得平庸。

所以，天资聪颖，并不是不勤奋的借口。

韩愈，唐宋八大家之一。当人们读到他一系列脍炙人口的佳作、生动又充满艺术魅力的文辞时，可否会想到他"口不绝吟于六艺之文，手不停披于百家之编""焚膏油以继晷，恒兀兀以穷年"的刻苦。

要想成为一个成功的人，勤奋是十分必要的。也可以这样理解，倘若成功是一张桌子，那么，勤奋就是桌面。一个坐享其成的人是一定不会成功的，但一个兢兢业业的人，距成功也就不远了。

东晋王羲之自幼苦练书法，他每次写完字都到自家门前洗毛笔，时间长了，一池清水变成了一池墨水。而王羲之，也因为自己的勤奋刻苦，他的书法达到高峰，被誉为书圣。

所以，勤奋刻苦，是成功的关键。"业精于勤，荒于嬉""行成于思，毁于随"，做一个成功的人，我们就应当艰苦奋斗，用汗水为成功奠定基石，以勤奋，筑造成功之城。

时光贵在珍

张　亮

太阳东出西落，秒针一圈圈地走过，如同一段优美的旋律，虽说急促匆忙，但仔细地去品味，总有那样一段美好在内心深处荡漾，温暖着整个冬天。

吹着瑟瑟的寒风，借着马路上晕红的灯光，我们匆匆地踏入宿舍。404的灯早被点着，窗帘静静地悬垂着，白炽灯不近不远地照着，反射出了岁月温暖的光泽，洒在每一个人床上。整个宿舍暖融融的，就如同绝境中的灯火，充满了爱与希望。

也许谁也不曾想到，在某个角落中，一个无意之举，竟又赋予了岁月一个温暖的港湾。在每天10点半到11点熄灯的那半个小时里，房门掩住了一切压力，房门内我们一起聊天，谈作业、聊生活，整个宿舍成了一个爱的集锦，心情不好的可以从中获得心灵的抚慰，身体不舒服的可以从中得以缓解，温暖的气息如同花香一般弥漫在宿舍之中，久久无法散去。然而404对于人群中的那八个亮点来说，无疑是一个温暖的家。

那是一段同吃同住的岁月，每天我们在一起趁着月色起床，一起携手度过一个个艰难的时刻，灯光中凝聚着我们一起刻苦、努力的脚步。

009

彩色世界

那一个个清晨，在我们每个人心中闪过道道光影。

沧海桑田，几个月，不过是人生中的片片落影罢了。可这日日如春的几个月，那个无血缘关系、更无辈分之分的家，又怎会在岁月的打磨中消身匿影。那个绝境中的灯火，有真情与真心的共存，只会在岁月中沉淀下来，凝聚成一股清流与记忆共行，成为伤感中的一叶雪莲，使人回味万千。

我不愿放弃

李慧敏

小时候做什么事总有一股韧劲，就是要么不做，一旦认定一件事，便会坚持到底。

八九岁时学习游泳，那里十几个人里数我最小。记忆中，那里的教练非常严厉。记得第一天来什么也没说便让我们下水，有几个哥哥姐姐的悟性特别强，稍有指导便如鱼得水，可还有几个人同我一样，被教练强按下水充当着"抽水机"，灌了不少池水。之后，在教练的"强压式教育"下陆陆续续走了不少人。妈妈看我实在学不会，便问我学不学了。我当时毫不犹豫："学啊！"说不害怕那是假的，但要说放弃，那时的我便会说，为什么要放弃？就这样，我依旧笨拙地学着，渐渐地掌握了技巧，又在深水区里扑腾了几次后，终于学会了游泳。

那时的我执着、上进，只要是自己选择的路，我便要坚持下去。

也许我并不聪明，并不是所谓的天才，我总是莽莽撞撞、笨手笨脚，但我知道坚持就是胜利。不仅仅是游泳，做任何事都是这样。那时的我总是格外认真，做事从不应付，总要求尽自己的全部力量去听每一堂课，做每一科的作业，完成每一件应该做的事情。我相信笨鸟先飞，我相信只要功夫深，铁杵磨成针。

然而随着年龄的变化，越是长大，这种韧劲就越来越淡化。随着周围的一切越来越复杂，我渐渐有了惰性，面对困难，我的心开始摇摆不定，我的心开始犹豫，再也没有儿时那般坚定。周围的事情，让我开始怀疑，是否苦尽就一定能甘来。如今，面对这高年级的学习压力，我愿重拾初心，告诉自己"我不愿放弃"。

你的行为文明吗？

011

梁星星

文明是社会发展和进步的标志。"一个时代的文明将会成为下一个时代的肥料。"可见文明的重要性。从小我们嘴里念叨的就是"学做人，讲礼貌，礼仪之邦人人知晓；有礼节，互尊重，礼貌待人好品行；'您好''谢谢''对不起'，文明语言通情理"。然而，随着时代的发展，人们的行为却越来越不文明，既然从小就知道，连小时候都可以做到的事，为什么越大越不去实践了呢？随地吐痰、乱扔共享单车、损坏文物，却以为在彰显性格……我国自古就被称为礼仪之邦，而如今连国外的人都来嘲讽中国人不讲文明，那么请你仔细思考自己的行为文明吗？

　　你的行为文明吗？

必不可少的文明

王　智

　　在许多公共场合，细心的你会发现有许多标志牌在时刻提醒我们做一个文明的人。候车室里，静静地坐等，不抽烟，不随意丢垃圾在路上，谈吐高雅，不说脏话。文明，在于细节。

　　文明，是一个民族、一个国家兴旺的根本。一个国家，如果没有人文明做人，那么，整个社会秩序会将一片混乱。国民素质低下，又怎能做一个好公民、建设一个好国家呢？看来，文明必不可少。

　　做文明的人，建设文明的国家，也许，将会成为国人共同的信念与目标。

文　明

吕成香

　　文明是中华民族的传统美德，承载着中国几千年来的传统美德，是做人的规范。现如今，人们出行在路上随地吐痰，乱扔垃圾，破坏公共设施……这些行为不只是影响个人，还影响到社会以至影响到国家。

　　文明礼仪是当今社会不可缺少的，只有我们讲文明、懂文明、做文明事，才能建成一个文明素质的国家。让我们把文明当成我们的责任和义务去创造文明和谐的社会，营造好的氛围。

013

最珍贵的食粮

全雅倩

　　文明是人类精神世界里最珍贵的食粮，文明程度是一个人素质高低的直接体现，更是一个国家兴旺发达的必需品。一个社会的公共文明水平，可以折射出一个社会，甚至是一个国家的文明程度。

　　如果一个人不讲文明，小则影响自身形象，大的话甚至可以影响国家的声誉。举一个例子，清朝的时候，大臣李鸿章出使俄罗斯，公开场合下恶习发作，随地吐了一口痰，被外国记者大肆渲染，丢尽了中国人的颜面。这是历史的教训。

　　再看看当下的中国社会，中国式过马路、随地吐痰以及各种不文明现象时有发生。我们需要有良好的个人习惯，应该从身边的小事做起，努力实现整个社会文明水平的提升。

运动让生命更精彩

尹智鹏

花开花落，草长草枯，那个鸟语花香的春对于花草来说，无疑是生命的精彩。春风拂过，世界在春天是绽放，是运动。有人说，学生生活如同一个斑斓的花季，岁月在笔尖流过，汗水在笔尖下流淌，人生便在六月收获。不知不觉，已经迈入学校的大门。住校、压力、分数卷袭而来，内心的压力感在心头萦绕。

然而曾经最不愿跑步的我已经开始改变了，跑步似乎成了一种享受。伴着音乐一个人静静地慢跑着，世界，如同在此刻静止。心中的泪被春风吹走，只剩下音乐温柔的旋律和优美的节奏。人生，在这个夕阳斜映的午后停滞。

我开始喜欢操场松软的感觉，喜欢充满奋斗气息的红色，喜欢生机盎然的青绿色，喜欢跑步时的忘我感，更喜欢那个静静的午后，与朋友手牵手的感觉。

跑步可以使人忘却心中的不快，发掘出我内心中的斗志，使我能以平静的心态踏过荆棘。然而那个手牵手，一起挽手漫步的午后，则成了苦涩的段段甜美回忆。

春风轻轻地拂过花草的额间，整个世界便欢悦起来，内心也伴随着春风荡漾，青春因红色而坚强，因绿色而充满活力。生命在运动中进一步升华，抛弃了不快与烦恼。

运动，让生命更加精彩，让生活更加亮丽，更加美好。

运动让我快乐

崔　辉

"随风奔跑有梦做翅膀"，运动为我们的生命绽放出耀眼的火花。

镜头一：

欢声雷动，举国上下在这一刻热血沸腾，女排胜利了。2016年的那个下午，中国女排宛如雄鹰在刹那间飞向世界高峰，中国女排终于历经数年的不懈努力再拿桂冠。团结协作，勇往直前，永不向困难屈服，她们用那顽强的毅力，始终追逐着顽强拼搏的运动精神。在一次次失利后永不放弃，成功的那一刻是她们用尽十几年心血所换来的，我们以她们为骄傲。

镜头二：

场地周围的学生不停地喊着"加油"，跑道上正进行着八百米耐力长跑，运动健儿在场地上挥洒着汗水。一圈，两圈，三圈……不断地接近目标，不断地消耗着他们的能量。他们奋力迈着步子向前冲，纵使已经无力奔跑，纵使已经是最后一名，他们也绝不放弃。只知道，终点就在眼前。比赛结束了，第一名自然赢得了喝彩，然而最后一名也获得了同学们的掌声，他们战胜了自己，他们没有放弃！

镜头三：

清晨的跑道上行人寥寥无几，只有两个人在缓慢奔跑的背影，汗水渐渐浸湿了衣襟，双腿逐渐乏力不堪，却总能在试图放弃时，抬头望见清晨的朝日中脸红扑扑的她，扬起那自信的酒窝，将一只手伸向我。每当那时，我便又振作精神看着她那迎风摇曳的马尾，在长大的道路中奋力前进。在运动中，我慢慢进步，在一次次进步中，我收获了友谊的力量。

运动让生命更精彩，运动使生命染上了绚丽的色彩，在运动中收获无限快乐，在运动中、在成长路途中奋力奔跑。

我　　跑

白　琪

017

我是一个不爱运动的人，一开始只是因为小小的懒惰，但后来这虚无的东西化为了真真实实存在的、长在身上的脂肪，于是更加跑不动。对于运动的热爱已是谈不上，而原本一点点的喜欢，在谈笑之间，灰飞烟灭了。

上学后，体育课终于能够称之为"课"了，我也猛然惊觉，体育原来是可参加中考的。这下我可着了慌，下定决心每天早晨早来几分钟，到操场去跑几步。可惜我还是不够了解我自己，三天不到，我已经坚持不下去了。我执拗的性子虽然有些懒惰，但终归还是不服输的，我想，既然自己早上起不来，那我晚上运动总可以了吧？

于是，夜深人静的时候，你总是可以听到我痛苦的、上气不接下气的呻吟，那是我在做仰卧起坐，不，准确来说，只能是"仰卧"，因为我顶多能做一个标准意义上的仰卧起坐，然后就被我柔软的大床束缚住，再也起不来了。是的，我的计划又一次以失败告终。我的"小强"精神也被磨得差不多了，挫折之中，必有打击。我的测验成绩很不尽人意，被老师叫去训话了。

虽然我身上依然有着不屈不挠的"小强"精神，但我毕竟是女孩子，脸皮还是很薄的，当时只是觉得脸颊滚烫烫的，好像有人拿火烤着我一样，等到了课间时间，我疯了一样跑到操场去，开始了跑圈。似乎我只要一直跑，就能够忘记那些刺眼的红叉叉。

我跑，我一直跑。当我终于累得跌倒在地上时，我才惊觉，周围的同学都在往回走，我一看表，已经打上课的铃了。我转身往回跑，顿时觉得整个人都轻松了好多，好像卸下了千斤的重担。

从那以后，我每个阳光明媚的周末早晨都会出去跑步。尤其是夏天，去看光芒万丈的日出，去嗅馥郁芳香的花开，去触摸青翠欲滴的叶片，去拥抱从树枝缝隙中倾泻而下的一米阳光。在阳光明媚的清晨，去感受生命的精彩！

我跑，为了去享受那宁静的花开；我跑，为了去摆脱低落心情的魔掌；我跑，为了让自己的生命充满阳光。我跑，为了让生命更精彩；我跑，只因为运动让生命更精彩。

感谢运动

孟香杏

　　"运动富有生机，运动富有活力。"这是爸爸从小就常在我耳边念叨的话。年过半百的老爸，头上不见一根银丝，一口气上六楼脸不红、气不喘，体格健壮。老爸经常自豪地夸耀自己健壮的体格，拍着我的头说："多运动，才会有活力，比吃补品好。可别成了病秧子啊！"我也经常半开玩笑地拍拍老爸厚实的腰和脊背，说："您别'过劳死'就行，哪儿来那么多活力啊！"然后我们父女俩相视大笑。

　　某天早晨，还在被窝悠闲地与周公谈话的我，眼前"唰"地一痛，我直接捂着眼跳了起来。过了许久，才发现是老爸直接拉开了窗帘，阳光顿时挤满了整个房间。老爸高兴地说："女儿，今天这阳光多好，咱们去游泳吧！"我本来一百二十个不愿意，但看着老爸热情洋溢的笑脸，也就答应了。

　　随后的训练我一天也没有落下。训练的第十天，我突然发现一些东西在潜移默化中改变着。同往常一样，每天测试跳远，看着遥不可及的满分线，我异于往常，没有叹息，纵身一跃后习惯性向后看踩线情况，由原来一米五前进到一米六。我开心得一蹦三尺高，心想着这是对我坚持的奖励吗？这是运动带给我的快乐吗？我无法想象有一天我竟可以因为运动这样开心，运动真的可以让我一直开心下去，让我的生命更加精彩吗？

我抱着试一试的心态面对以后的训练，我加倍努力，绝不放弃。遇到困难，勇敢地跨过去，遭遇挫折，拼搏向前进。遇到失败，不轻言放弃，跌倒了，拍拍身上的土，再爬起来。因为运动激发出我奋勇向前的拼搏精神，果真，在艰苦的训练后，我的各项水平都有了显著提高，我感受到了运动带来的快乐。

运动让我快乐，运动让我有了拼搏进取、奋斗不息的品格，天天面露微笑，遇到困难坚持向上，我的人生又怎能不精彩？我的未来又怎能不熠熠生辉？

感谢运动，让我坚强乐观，感谢运动让我的生命更精彩。

目　标

吴梦雨

我们的一生有许多目标，那就代表着我们要走许多路，或平直，或曲折，一路上的坎坷困难都摧残着意志，但我不甘愿放弃。

目标就像一座极高的雪山，而我们则是登山的人儿。上山的路满是艰辛，所有人都相互扶持努力地登向山峰。路途的遥远终将抵不过时间的流逝，人们总会逐渐到达山顶，但随着所处位置的升高，寒风越发凛冽，暴雪越发疯狂。一边是只离山顶一步之遥，另一边则是风平浪静的下山路，多数人都会选择那上山之路，却总有少数懒惰的人选择放弃，而我愿做那些多数人，不愿放弃，登达顶峰。

一个壮汉，一个青年，为了挖取地下的钻石，拿着锄头挖了几天几夜。几天后，壮汉还差一点儿就得到了钻石，青年却因力气不够挖得极慢。可是就在快要挖到钻石时，壮汉原路返回了，他没有继续挖下去，但青年却依然坚持不懈地挖掘着。如果是我，我会做那个青年，尽管那条到达目的的路很曲折，但依然不言放弃。

不愿放弃就是坚持不懈，不仅要在实现目标的路上继续前行，还要不懈怠，时刻保持最好的状态。

在任何到达目标的路上，我都会坚持不懈，不言放弃！

我不愿放弃

丁　唯

021

学会坚持，是成长的必经路途。

——题记

放弃，看起来是多么美好的两个字眼，这意味着可以彻底放手，不再去为这些事考虑。但，那也意味着将品尝不到快乐的果实。所以，我选择了坚持。

那是一年炎热的夏天，阳光火辣辣地烤着大地，昔日温和的太阳此刻却变得面目狰狞。我感到身体里的水分被一点点蒸发，双腿早已像灌上铅一般沉重地抬不起来，距离终点的路仿佛还很漫长。

　　双腿越来越不听使唤了，眼前也是漆黑一片，我感觉自己马上就要倒下了。但有一个声音不断在耳边回响："快放弃吧，别逞强了。"可仅存的一丝理智告诉我，我不愿放弃，我一定会坚持到终点。凭着这份信念，我努力迈开双腿，向前迈动，二十米，十米，五米，两米……我终于到达了终点。此刻，身边的喧嚣仿佛与我无关，我只知道，我赢了，我战胜了自己。

　　坚持是毅力，是灵魂，坚持宛如苦尽甘来时品茗的琼浆美露。假若你中途放弃，必然品尝不到成功的甜美；坚持宛如雨后彩虹，使无数历经风霜的人终获新生。

　　你是否有过许多时刻对自己失去信心，想要放弃？不要慌，镇定地告诉自己："我不愿放弃，我是最棒的！我相信我可以坚持，因为奋力拼搏后一定会有成功的喜悦！"

022

成　　功

王国瑞

　　也许会有许多人问，何为成功？其实成功有许多种定义，不同的人会站在不同的立场。成功不分事情大小，也不分高低贵贱，真正的成功在于达到自己预期的目标，实现自我的人生价值。

　　那么如何才能成功？我只能粗浅地定义为，在有足够把握的情况下，通过自己后天的不懈努力，而获得真正意义上的成功。

　　所谓有足够把握并非是小心谨慎，因为无法确保自己成功而不敢立下目标。有足够把握需要有一定的天分，而不是只说空话，异想天开，痴人说梦，正所谓"不打无准备之战"，如果将一些不可能实现的目标来作为自己的目标，那么非但不可能成功，而且还会浪费自己的时间和精力，最后只会"竹篮打水一场空"。

拿破仑曾说过："真正的成功不在于永不言败，而在于屡败屡起。"人们常说"天才"一词，然而世上没有天生的天才，有的只是甘于落后的蠢材。爱因斯坦小时候并不聪明，甚至三四岁时还不能说一句流畅的话语，然而他凭借对科学的不懈探索、坚定不移，提出了相对论，开创了物理学的新纪元，推动了整个世界的发展。他用他一生的心血告诉我们一个公式：成功=艰苦劳动+正确方法+少说空话。因此，在我们成长的路上要不懈地追求我们的目标，凭借自己真实的拼搏从而获得成功。正如冰心所说："成功的花，人们只惊羡它现时的明艳！然而当初她的芽儿，浸透了奋斗的泪泉，洒遍了牺牲的血雨。"

"如果你想要成功，就要和持之以恒为朋友，以经验为顾问，以耐心为兄弟，以希望为守望者。"相信这样，你会离成功更近一步。

论　成　功

朱鸿飞

"只有流过血的手指，才能弹出世间的绝唱。"著名音乐家贝多芬是大家公认的成功人士，享誉世界音乐界，人人仰慕。可是他曾弹琴弹到手指发烫，然后在冷水中浸没一阵，继续弹琴。二十多岁时他双耳失聪，他用牙咬着木棒的一端，另一端抵在钢琴上，凭借着惊人的毅力创作了许多世界名曲。想要成功，贝多芬的事迹无疑是很好的典范，他的坚持不懈和不畏苦难的精神正是成功路上的必备条件。

先来谈坚持不懈，古往今来，坚持不懈是古今贤人所推举、赞扬的。古代著名书法家王羲之，为练得一手好字，数十年如一日地钻研书法，从未懈怠，于是他成功了。成功路上一定要坚持，朝着你的目标不断努力，倘若只是"三分钟热度"，半途而废，那么，即使你有很高远的理想和目标，那也只是空谈。所以，在拼搏的路上一定要告诉自己，既然选择了远方，那便只能风雨兼程。

再说不畏苦难。成功的路上一定不会是阳光和煦，鲜花围绕；一定会是荆棘丛生，阴云密布。但请别畏惧，迎难而上，你就会发现，那只是成功给予你的考验而已。"古之大事者，不惟有超世之才，亦必有坚忍不拔之志"，像那颜回虽身居陋室，却把苦难当作成功的秘诀，不畏而前行；又如鲁迅历经无数苦难，才将爱国的思想播撒到中华大地；似无数学子经历寒窗苦读十二年，才换得一时金榜题名。遇到困难就退缩，不敢迎难而上，那只是懦夫的行径。只有奋力拼搏，那样得来的成功才最为踏实可靠；依靠别人的帮助，那样的成功虽也是成功，可那终究是暂时的，好似沙漠里的海市蜃楼，经不起验证和推敲。

所以，成功的路上，一定要怀抱理想，坚持不懈地朝着自己的目标，不畏困苦，砥砺前行！

《我的叔叔于勒》续写

徐靓婧

　　父亲带着女儿、女婿向那个卖牡蛎的人走去，身边不时路过各种各样穿着华丽、一看就不是平凡之辈的绅士或者贵妇。父亲于是又喃喃道："唉，如果于勒在这只船上，那会多么令人惊喜呀！"当我们路过一个包间时，父亲一下子被一个西装革履的中年男人吸引住了。在我们都还没反应过来时，父亲已经冲进包间，边跑边打理着自己的发型和领结，一下便上前拥住那人："嘿，于勒，我的好弟弟。这么多年不见，真是想死我了！"那人明显吓了一跳，挣开父亲的手臂后，面向父亲："抱歉，这位先生，请问您是……"那人的话还没有说完，父亲已经激动得拉起了那人的手："喂，于勒，不认识哥哥了吗？当初赶你走，也是为了锻炼弟弟，我果然没有看走眼，我就知道好弟弟你一定会有出息的！"父亲一边说一边将那人带向外面，立马飞奔回母亲身边，跑得太快鞋都掉了一只，而父亲浑然不觉。对着我母亲声音几乎都颤抖了："克拉丽丝，你快过去，咱们的好弟弟于勒回来了，就在那里呢，快过去和他见一面。"母亲一听大喜，也连忙拽着我往那边的甲板上去了。

　　父亲再次来到那名绅士面前，只见他一身笔挺的西装加上深色的斗篷，锃亮的烟斗绕着一圈圈的烟圈，贵人之相。我心里想："哦，这就是我的叔叔，父亲和母亲日盼夜想的叔叔。"母亲赶紧迎上前："喂，弟弟，还认得嫂子吗？难得还会回来看望我们。这次就不必走了，长途跋涉回来还挺辛苦。"母亲使了个眼色，我识趣地搬过一把软椅放在于勒身后。"哥哥，真是不好意思，居然忘记了您的样貌，如今见到你们真是高兴。"父亲忙端来一杯咖啡，哈腰递过来："哎哟，弟弟，这又算得了什么？我们认得你就足够了。"不知怎的，父亲突然脚下一绊，咖啡竟全洒在了于勒的裤腿和皮鞋上。母亲着急又恼怒地瞪了父亲一眼，立刻和父亲一样赶紧跪在甲板上用自己的衣摆擦抹水迹。于勒抬眼一看，见周围围观的人越来越多，顿觉难堪，站起身来转身进了包间。父亲母亲也赶紧带着我们跟了进去。

我的叔叔于勒

张舒忆

他们见面后满是诧异，而后眼里同样充满了喜悦，试探地问："菲利普？"父亲激动而又兴奋地靠近他，高兴地说："是我啊，于勒，我是菲利普，没想到你现在就变得这样富有了。我就相信你一定不会忘记我的！"父亲紧紧地抓住了那位先生的手，脸上的那一堆肉都抽搐起来，仿佛得了什么稀世珍宝似的。眼睛几乎要眯成一条极细极细的缝，嘴巴快要咧到耳根了，还是不停地嘘寒问暖，好像很亲热的样子。

我趁机偷偷打量他：他穿着一身看起来就很昂贵的西装，手腕上戴着一块金表，因为太阳的反光而愈加闪耀，皮鞋擦得锃亮，一尘不染，倒映着父亲笑得皱成一团的脸庞。

然而，父亲还在拉着他喋喋不休，像是根本看不到于勒叔叔不耐烦的神色。我听着那无关紧要的唠叨，看着于勒叔叔不停地举起手腕看看时间后又放下，脸色已然十分烦躁，嘴角却保持着一抹如同复制般的笑容。

父亲依然不知疲倦地说着，忽然好像想起什么似的，一拍头，一跺脚，另一只手却仍不放开于勒叔叔的手，兴奋地说："对了，你还记得我的家人们吗？走，我带你去见见他们！"于勒叔叔欣然答应："好啊！我也很久没有见到他们了呢！"可却在父亲转身后，脸色变得阴沉，嘴角添上一抹冷笑。

母亲大概早已猜到事情的来龙去脉，早早地站在那里迎接于勒，旁边的两个姐姐手里都拿了些水果、甜点，那是我们逢年过节都舍不得买的。于勒叔叔一过去，母亲就带着一脸媚笑迎过去，说："真是于勒啊！我们盼星星、盼月亮，天天盼着你回来。"

《格列佛游记》读后感

贺维维

《格列佛游记》是英国作家乔纳森·斯威夫特的一本游记体讽刺小说。英国小说家毛姆评价说，《格列佛游记》有机智和讽刺，有巧妙的构思，有洒脱的幽默，有泼辣的讥嘲，痛快淋漓。它的文体精彩绝伦，至今没有人能用这艰难的文字写得比斯威夫特更简洁、更明快、更自然。这本书更是历经百年，散发着永恒的光芒。

本书讲述了主人公格列佛的四次历险。第一卷内描写的是格列佛在小人国的奇妙经历，在那里，他遇到了一些身材不足六英寸的小人，看到了它们腐败的朝廷、荒诞的选举制度，作者刻画了财政大臣、海军大将等人的卑鄙行为，也借此反映出当时英国可笑腐败的朝政风气和典章制度。第二卷，写出了主人公在大人国的历险，也从此结识了博学明智的大人国国王，借大人国国王之口反映了英国社会的贪婪、竞争、残暴、淫欲，充满了阴险和野心。第三卷，主人公来到了飞岛国，厄尔尼巴比的拉格奈格、格勒大锥和日本几个地方，从文化和政治角度讽刺了当时英国哲学家，以及沉迷于幻想和不切合实际的科学家，颠倒是非的评论家和史学家。第四卷，则更是在慧骃国，将人与畜生颠倒身份，"慧骃"善良友爱，勤劳勇敢，公正诚信，而以人为形象塑造的"野胡"则丑陋龌龊，贪婪淫荡，主人公甚至以马为伴，一生也不想再接近"野胡"们，向人们揭露了法律的虚伪，以及政府对人民的不择手段等。

初读本书，因格列佛的追求上进、善良勇敢、不畏困难、谦逊有礼、迎难而上等优秀品格，我心生敬佩。

而在反复的阅读之中才理解，作者通过奇幻小说、儿童文学的形式，意在批评英国的社会政治和反动的宗教势力，批判腐败的统治以及政治的混乱、人心的复杂，与英国资本主义在资本主义早期的疯狂掠夺和残酷剥削。作者在这本书运用了反复的对比，从人心的善恶、君主的明或庸、主人公的伟大与平凡中，运用多处强烈的对比，将对当时统治的不满渲染到极致。

别样的风景

　　一片叶子掉落在河面上，只看见波纹一圈一圈地荡漾开去。叶子先是浮在水面上摇晃，然后又轻轻地沉入水中。此时的珠江就像一位相貌清秀的女子，在轻轻地舞动。

夏天的云

胡瑞忆

夏天的云是多姿多彩的。

夏天的云是变化多端的,像孙悟空一样。蔚蓝的天空中飘浮着一朵朵的白云,有的像一条龙盘在天空中,有的像只兔子蹦来蹦去,有的像乌龟爬来爬去,有的像青蛙跳来跳去,有的像金鱼游来游去……它们在这片云海里举办了一场舞会。

六月的天说变就变,刚刚还是晴朗的天气慢慢被一大片乌云笼罩,白云大军控制不了这庞大的乌云大军,正在赶紧撤兵之时,黑暗笼罩了这片土地。远处传来了"轰隆隆"的雷声,眼前闪过一道道闪电,"哗——哗——哗",雨姑娘来了,雨姑娘来了。小草和小花跳着舞欢迎着她,大树爷爷也唱着歌迎接着她的到来。雨姑娘让小草和小花喝了个够,帮大树爷爷梳了梳头发。

雨后天晴了,天边出现了一条彩虹,把云都染成了彩色的。

我爱夏天的云!

夏 之 夜

原　敏

　　夏天的白昼总是那样炎热，而晚上却是舒爽的，我最喜爱的还是夏天的夜晚。

　　走出家门，夏夜的天空很美。月亮是那样的皎洁、明亮，像个大玉盘，使整个大地都沐浴在月光中。星星闪闪发亮，就像一颗颗宝石一样镶嵌在天空闪烁着光芒。微风吹过，树叶发出沙沙的响声，小草微微地点头，一切都显得那么柔美。

　　漫步在沿江路上，路的一侧是一排夜宵摊，三五个人围成一桌，伴随着夜风，开怀畅饮。有的手端着大酒杯，有的手里拿着羊肉串，嘴则尽情地撕咬着他的美餐，有的在看着手机，聊着天。江边，一群老人坐在大树下，有的在打牌，有的在下象棋，旁边有一群小孩子互相追打着，嬉戏着。树上的知了也禁不住夏夜的诱惑，唱起了它那单调而很有趣的歌。青蛙也引吭高歌，你一句，我一首，开启了一场江边交响曲。在这条街上，欢声和笑语无处不在。

　　我爱这充满生机的夏夜。

别样的风景

张 超

在广州，有一条美丽的河流——珠江。那是中国第二大河流，作为广州人，我非常自豪。你可知道，这条美丽的大河就是我们的母亲河呀！

清晨，几个年迈的老者在河边散步，空中弥漫着白茫茫的大雾，只能隐隐约约地听见不远处的珠江在流淌。一片叶子掉落在河面上，只看见波纹一圈一圈地荡漾开去。叶子先是浮在水面上摇晃，然后又轻轻地沉入水中。此时的珠江就像一位相貌清秀的女子，在轻轻地舞动。到了中午，晴空万里，太阳高高地悬挂在空中，把金光洒在了河面上，把快乐泼洒到人间。再看这时的珠江，真称得上是"水光潋滟晴方好"啊，在每一个瞬间，在时间的长河里，泛起一道道涟漪。它美得不能再美了，就像当年的西施，能说是"淡妆浓抹总相宜"。时间过得飞快，转眼就到了夜晚。珠江边的高楼大厦亮起了五颜六色的灯火，珠江变得生机勃勃。渐渐到了深夜，灯光一点儿一点儿地消失，月亮照耀着珠江。这时的珠江就像一位慈祥的母亲，陪伴着人们进入梦乡。

珠江，流的仿佛不是一汪江水，是广州的曾经和未来，是广州的希望……

金色云朵

李丹丹

　　清晨，云朵们披着一层金色的光，开始在天上穿梭。我从床上爬起来，推开窗，望着那浩瀚的天空，看着那形态各异的云。

　　天上云朵的样子各种各样：有的宛如可爱的小狗，身上长着雪白的绒毛；有的犹如小猫，好像瞪着眼睛看着我，我仿佛听到它"喵喵"地叫着；有的宛若花儿，它绽开它那洁白的花瓣，对我甜蜜地笑着；还有的像小屋子，像火车，像牛、羊、兔子……真是五花八门。

033

　　时间过得飞快，转眼就到了傍晚。那白白的云朵变成了红彤彤、金灿灿的晚霞，渐渐只能看见那丝亮光。

　　夜幕降临，云朵又沉没在夜色之中。天空一片漆黑……

美丽的夏

黄小舟

夏天的夜晚是宁静的，仿佛一切都静止了，只有时间在悄悄地流逝。夜幕初垂，已不见了踪影的太阳余晖依旧，整座城市像个大蒸笼，热得让人喘不过气来。

皎洁的月光洒落在浅浅的荷塘上，荷塘上铺满了碧绿的荷叶，荷叶很绿，绿得好像一块块无瑕的翡翠。在翠绿的荷叶之间，星星点点地点缀着的是那婀娜的荷花，一朵朵，粉嘟嘟的。有的完全开了，像亭亭玉立，舞动着的少女；有的才刚刚展开了一两片花瓣，好像害羞的小姑娘，想要展示自己曼妙的身姿，却又犹豫不决；还有的则完全没有绽放的准备，还是个花骨朵儿呢！一阵微风吹过，满池的荷花随风摇曳。"哗啦啦，哗啦啦……"荷叶摩挲，似乎在为这些舞动的精灵伴奏呢！院子角落里的月季开得正艳，红的像火，粉的似霞，白的圣洁，黄的嫩嘟嘟。这花单看一朵时不过如此，一点儿也不起眼，可一大丛一大丛簇拥在一起时，却足以让人惊心动魄。热浪中，它们你挨着我，我靠着你，嬉笑着，攀比着，喧哗着，闹腾着。它们是为了谁的衣裙更迷人暗暗较劲，又或是在讨论着昨夜露水的香甜吧！吝啬调皮的风儿早已不知了去向，大槐树像是被施了定身法一样纹丝不动。"知了知了知了……"蝉儿们不知躲在大槐树的哪个角落，不知疲倦地高声吟唱着。

仰头望去，一轮弯月挂在黑丝绒般的夜空里，散发着清清冷冷、无比柔和的光芒。一颗一颗闪亮的星辰眨着眼睛，凝视着千万里之外的古老星球，似乎正在诉说着对人世繁华的艳羡。

"呱，呱呱……"荷塘里传来了一阵清脆的蛙鸣。"呱"，一只青蛙起了个调儿，"呱呱呱呱"，其余的青蛙齐声附和，打破了夜间的寂静。青蛙们毫不安分，一边欢唱着，一边从这片荷叶跳到那片荷叶。最后再"扑通"一声跳下水，变着法儿打扰人们的美梦。

夜深了，青蛙们也昏昏欲睡，一切又恢复了宁静。我爱这喧嚣又宁静的夏夜！

云

沈文娇

035

夏日的午后，我坐在书桌前写作业。觉得有些疲倦了，我便抬起头来，天上的云朵一下子吸引我的注意。

仰头望去，洁白的云朵层层叠叠，宛如波澜壮阔的大海。不一会儿巨浪裹挟着雪白的浪花，翻滚着向岸边袭来。"哗啦，哗啦，哗啦啦"，一浪高过一浪。看，那奋力前行的是一叶扁舟吧，近了近了，风浪中搏击的勇士双手紧紧地握着钓竿，钓竿的那头俨然是条金色的大鱼。

一阵狂风吹过，定睛再看时，哪还有什么大鱼，原来是光芒万丈的太阳。再看看那云，哇！红色的宫墙，金色的琉璃瓦，巍峨的大殿，绿色的参天古木，宛如一座雄伟壮观的宫殿。侧耳听来，似乎真有"叮叮咚咚"的丝竹管弦之乐传来，让人不禁心驰神往。

一会儿工夫，宫墙、琉璃瓦、大殿、古木统统不见了。天空像被人泼了墨似的阴沉下来，乌黑的云越飞越低、越飞越低了，恶魔般在城市的上空打转、翻腾、咆哮，肆无忌惮地向人们宣泄着它的力量。"咔嚓！"闪电把黑压压的天空撕开了一道大口子，"轰隆隆"一声惊雷在天际炸开，豆大的雨点从天空倾泻下来……

夏天的云轻轻柔柔，缥缥缈缈，却最是变幻莫测：一会儿似凶猛的猎狗追逐小兔，趣味盎然；一会儿似万马奔腾，群雄逐鹿，狼烟四起；一会儿又似震撼人心的大型灾难片动人心魄。那云朵千姿百态，有的像雪白的羊群，羊儿们一边"咩咩"地叫着，一边大口大口咀嚼着新鲜的青草，后面跟着的大概就是牧羊犬了吧，"汪汪汪汪"地呼唤着掉队的羊儿呢；有的像百花齐放的大花园，红的、黄的、白的、紫的，五彩缤纷，那淡淡的花香引得蜜蜂蝴蝶们"嗡嗡嗡嗡"地忙碌起来；还有的像一块大大的棉花糖，看起来那么的香甜，我忍不住咽了咽口水，真想摘下一朵，把它一口吞进肚子里。

还没有等我张开嘴巴，那云朵竟变了，变成了一头威风凛凛的大狮子。那狮子怒目圆睁，鬃毛一根根竖立着，张开血盆大口，仿佛在"嗷呜嗷呜"地怒吼着，咆哮着向我扑来。

我结结实实被狮子吓了一大跳，赶紧回过神来。唉，还是继续写我的作业吧。

我的家乡

李达鑫

我的家乡在扬州，扬州是中国唯一与运河同龄的运河城。

说到了扬州城，就不得不提到点缀在城中的那颗璀璨的明珠——瘦西湖。

一年四季中，春是瘦西湖最美的季节。一棵棵翠绿的小草沉睡了一个冬天后，仿佛铆足了劲儿，从土里钻出来，伸伸脖子，扭扭身子，踮踮脚，在阳光下又长高了一点儿。湖畔三步一柳，五步一桃。远远看上去，柳树已迫不及待冒出了鹅黄色的嫩芽，"草色遥看近却无"，不错的，这一丝新芽近看，可就什么也看不到了。一朵朵粉红的桃花，一朵有一朵的风情。完全盛开的显得奔放，展开一两片花瓣的显得妩媚，含苞待放的显得深情，可不管是哪样的都好像春姑娘的腮红，把春天装扮得格外动人。"沾衣欲湿杏花雨，吹面不寒杨柳风"，牛毛一般的春雨，好像是要冲刷走冬天遗留的痕迹，洗得很小心，很小心，仿佛生怕弄疼了春姑娘。春雨过后，空气中混杂着泥土淡淡的香气，使劲吸上一口，更让人觉得心旷神怡。

到了夏天，蝉儿扯着嗓子一个劲儿"知了知了"地叫嚷着，好像在演奏着大气磅礴的夏虫交响乐。不管蝉儿怎么闹腾，满湖的荷叶与荷花就像一个个乖巧的少女陷入了沉思，一动也不动。只有微风吹过时，她们才随风摇曳起来，"沙拉沙拉"的摩挲声仿佛在给夏虫们伴奏呢！夏天的游客可真不少，有的兴致勃勃观赏着景色；有的伸出手来，似乎在捕捉湖边的蜻蜓；还有的拿出相机，"咔嚓咔嚓"，把这美丽的景色带回家。

秋天的瘦西湖格外端庄。一棵棵笔直的银杏树直插天际，秋姑娘长袖一挥，她们便披上了金黄色的礼服。一阵风吹来，银杏叶们便像一个个不安分的孩子飘落下来，在空中盘旋着，飞舞着，打两个转儿，等到疯累了，玩乏了，再缓缓投入大地妈妈的怀抱。站在树下，一阵丝丝缕缕的花香飘来，顺着花香寻去，哇！原来那边的菊花争先恐后地绽放了。白的像个雪团，安静柔美；红的像一束束火苗，跳跃着，舞蹈着；黄色是个没心没肺的孩子，奔跑着，怒放着。扬州是个"月亮城"，如果你有幸在中秋那晚夜游瘦西湖，在五亭桥的桥洞下，可以同时看到五轮又大又圆的月亮呢！

瘦西湖的冬天是静谧的。洁白的雪花纷纷扬扬地洒落下来，仔细聆听，好像一首首优美的乐曲。雪花落在了小道上，给小道镶上了宝石；雪花落在了松树上，为松树穿上了蕾丝裙；雪花落在了湖面，湖水便像一位慈祥的母亲，紧紧搂住了她的孩子。不一会儿，湖面结上了一层薄薄的冰，亭、台、楼、阁，都好像凝固了似的，形成了一幅古典水墨画。

我爱我的家乡，更爱家乡的瘦西湖！

家乡的小池塘

卢 丹

我家门口有一片小池塘，那里是我最爱去的地方。

春天的小池塘生机勃勃，池水很清很清，清得可以清楚地看见水底五彩斑斓的鹅卵石和碧绿的水草。银色的鱼儿们像是突然从水里流出来似的，急急忙忙冲进了人们的视线。它们有的把脑袋钻进水草里，仿佛在和同伴们捉迷藏；有的在水里相互追逐，不时亲吻着同伴的脸颊；还有的跃出水面，"噗噗噗"吐起了泡泡，一定是在比赛谁吐的泡泡更大更明亮吧。贪心的我拿着水瓢蹑手蹑脚地来到池塘边，想要舀起几条，带回家交个朋友。可狡猾的鱼儿们根本不领我的情，每次当我好像就要舀到它们时，它们只是摇了摇尾巴，便四散而去，只剩下在岸边举着空空如也的水瓢的我呆愣愣望着水面上留下的一圈圈的涟漪。

039

夏天的小池塘是孩子们的天堂。我们顾不上天气的炎热，也听不进蝉儿们"知了知了"的劝告声，在池塘边钓鱼、摸虾、捉螃蟹，忙得不亦乐乎。我最喜欢的莫过于摘菱角了，绿油油的菱角盘脸盆一般大小，一个挨着一个，肆无忌惮地霸占了整个池面。我坐在临时充当"船"的大澡盆里，抓起一个个菱角盘，摘下藏在背面的菱角，扔在身后。不一会儿，后面就堆起了一座小山。"喂！你轻点儿，不要惊了我的鱼儿！""哈哈哈，知道了，知道了，等会儿多送些菱角给你啦！"池塘边我们的欢笑声飘得很远很远。

秋天的小池塘别有一番风情，树叶受不了大树的束缚，拉着秋风的衣袖，牵着秋风的小手，来到池塘边，纷纷扬扬地落下，仿佛给小池塘穿上了一件充满希望的金色长裙，小池塘娇羞地低下了头，变得更美了。

家乡的小池塘时而优雅，时而唯美，时而活泼，时而清新。她终日不停流淌着，流淌着我的欢笑，流淌着我的懊恼，也流淌着我的童年！

夏 之 云

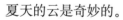

楚可儿

夏天的云是奇妙的。

早上的云，靠近暖暖的朝阳的是橙红色的，然后越来越淡，到了天边就是可爱的粉色了。像一条粉红色的裙摆在空中舞动着，又像奔跑的驯鹿，"嗒嗒嗒"穿梭在云层中，又似开屏的孔雀，骄傲地抬起头漫步在空中。

放学后，我们像一群欢快的小松鼠一样跃出校园。一阵阵的风吹来，我突然发现，天空中粉色的裙、奔跑的驯鹿、骄傲的孔雀都消失了。云越聚越多，颜色越来越暗，像被乌贼的墨汁染黑了，又像粗心的云宝宝打翻了灰色的颜料罐。我们急急忙忙地跑到避雨亭，"呼哧呼哧"地喘着气。这时雨点飞洒下来，在身旁的绿叶上跳动着。我们在里面做起了小游戏，你说我猜，玩得都忘记了时间。

不知什么时候雨停了，抬头一看天空，那边有一群奔跑的绵羊，"咩咩"地你追我赶闹着玩；而这边白白胖胖的棉花糖，甜甜的特别诱人，好想咬一口啊！湛蓝色的天空犹如一大块画布，上面有一群蜗牛，慢吞吞地在画布上作自画像。而我们也在树上，还有灌木丛的叶片下，找起了蜗牛。

夏天的云，奇妙的云，淘气的云，可爱的云。

我爱你，家乡

丁　灵

041

我的家乡在青岛，这里红瓦绿树、碧海蓝天，是一座美丽的海滨城市。

天晴的时候，天空像一块蓝玉，海像一块翡翠，远望水天相连，蓝玉和翡翠合璧，十分壮观。洁白的海鸥自由自在，在水天之间飞翔。灿烂的云霞在天空中轻轻地飘荡，为海滩增加了靓丽的风采。

遇到台风的时候，大风掀起惊涛骇浪，大海就像一头疯狂的巨兽，张牙舞爪地向岸边冲来，拍打在岸边的礁石上，发出天崩地裂的响声。有时直接冲上岸来，将临海的小路都变成一片汪洋。

夏季来海边的人特别多，他们成群结队地在这里嬉戏玩耍。有的在海里游泳，像一条条快活的小鱼，五颜六色的泳圈就像片片花瓣散落在海面上。有的懒洋洋地躺在沙滩上晒日光浴，五彩缤纷的帐篷像一个个大蘑菇，还有的在堆沙滩堡垒，专心致志、兴致勃勃。我特别喜欢去海边，沐浴着轻柔的海风，倾听着哗哗的浪涛拍岸的声响，光着一双小脚丫，踩着软绵绵的沙子跑来跑去，真是舒服极了。

冬季的海边虽然没有夏季的喧闹，但也别有一番乐趣。那些冬泳的人像一只只不怕严寒的小企鹅，勇敢地冲向大海。

青岛的物产也十分丰富，各种海鲜鲜嫩多汁，一定会令你大呼过瘾；青岛啤酒誉满全球，每年都会举行热闹的啤酒节；还有崂山的大樱桃、大泽山葡萄、崂山绿茶等等，都很受欢迎。

山高海阔、物华天宝，青青的、湿湿的、静静的仙岛，我爱你——美丽的青岛。

夏天的云

徐 畅

我喜欢仰望天空，看变幻无常的云彩。

清晨，一轮红日从东边冉冉升起，天上的云彩一朵挨着一朵被朝霞染成了金黄色。这一朵朵金色的云彩，在太阳的照耀下闪着金光，仿佛在对太阳公公说："太阳公公你早呀，昨天晚上睡得香吗？"

早晨，朝霞慢慢褪去，云朵们也褪去了金色的外衣，天空一片湛蓝，仿佛是一池清澈见底的湖水，静谧、幽深。一朵朵白云变成一只只优雅美丽的白天鹅，静静地浮在湖面。它们时而聚在一起窃窃私语，时而分散开来各自觅食。忽然一阵狂风吹来，乌云密布，电闪雷鸣，魔王气势汹汹地来了，将这些美丽的白天鹅变成了丑陋的黑天鹅，天空一片黑暗。不知过了多久，来了一位英勇的国王向魔王发起了进攻，经过一场激烈的战斗，魔王变成一缕青烟逃走了。天空渐渐亮了起来，太阳也露出了笑脸，云朵们又披上了七彩的外衣——赤、橙、黄、绿、青、蓝、紫，绚丽多彩，格外美丽。

临近黄昏，太阳落山了，天空上出现了火烧云，天上的云从西边烧到东边，红彤彤的，好像是天空着了火。天空中一会儿红彤彤的，一会儿金灿灿的，一会儿半红半紫，葡萄紫、梨黄、胭脂红，还有一些说不出来的颜色。太阳仿佛施了魔法一般，将云彩变得耀眼夺目，五颜六色的云彩也将天空点缀得多姿多彩。

云啊云，你给了我无限的遐想，让我知道，原来生活是这样的美好。

美丽的九寨沟

王子清

黄山归来不看岳，九寨归来不看水。去年暑假，我终于如愿以偿，和爸爸妈妈一起游览了人间仙境——九寨沟。九寨沟位于四川省九寨沟县境内，因周围有九个藏族村寨，因此人们称它九寨沟。九寨沟内有一百零八个海子，海子就是湖的意思。其中，最美丽的当属五花海，它又名孔雀海，因湖里生长着各种藻类，钙化沉积，在阳光的

别样的风景

照射下，呈现出不同的颜色：鹅黄、浅蓝、黄绿、淡紫、墨绿，如同孔雀五彩斑斓的羽毛，火焰流金。四周的山坡上，一片苍翠，暖风吹来，湖边的绿树倒映在水中，宛如一条条彩蛇在水中游动，与湖中的沉木、植物，互相点染，给五花海又增添了几分神秘的色彩。人们说，五花海是神池，它的水洒向哪儿，哪儿就花繁叶茂，美丽富饶。沿着林荫小道缓缓前行，就听到了巨大的轰鸣声，时而像战鼓，时而像雷声，还不时有水滴洒落在游人的脸上、身上，我不禁加快了脚步，拐到小路尽头，一个巨大的瀑布呈现在眼前，凶猛的水势奔流而下，似白浪滚滚，溅起的水珠，在阳光下晶莹剔透，仿佛一粒粒珍珠闪着光芒，这就是宏伟壮观的珍珠滩瀑布。

走进九寨，就如同走进了迷人的童话世界。收获的不仅仅是美景，更是愉快的心情，它的一山一水，一草一木，深深地印在我的心里。

有那样一抹色彩

卢星茹

入夜渐微凉，坐在书桌前奋笔疾书，台灯照亮了书桌四周的一方小天地。漫漫长夜，只有成堆的作业与我不离不弃。

升入高年级，繁重的课业压得我喘不过气来，一次次测验跌入谷底的成绩令我心灰意冷，我感到自己好迷茫。没有一点儿方向，台灯白色的灯光柔和地照在书本上，我手中的笔也在一刻不停地动着。

我只身一人处在无边的黑暗中，漫无目的地前行。我感到无助、彷徨，却只能向前走。我一步步在黑暗中摸索，伸手触摸到一堵冰冷而又坚硬的墙，转身，又摸到一堵坚硬的墙，不断地转身，不断地碰壁。就在我快要绝望时，我心里有一个声音告诉自己："别害怕，相信自己，一定能够离开黑暗，找到光明。"一次次地碰壁和摸索后，终于找到了出口，可前方依旧是漫无边际的黑暗，我感到自己像被关在一个笼子的鸟，无论如何努力振翅都无法飞出囚牢。我继续向前走，想要找到突破口，能够看见光明。心中的信念支撑着我走下去，我的心理防线一点点被黑暗攻击得溃不成军，可我还是坚持着，不停地走着、摸索着。

　　终于，一道白色的亮光在黑暗里散发出了微弱的光芒，我快步向前走去，沿着光的方向，见到了久违的光明。那抹白色的光，就好像绝望中的一丝希冀，指引我走出黑暗。

　　意识渐渐清醒，顿觉这原来只是一场梦境。我坐在黑暗的房间中，白色灯光照亮了一方天地。我走在无边的黑暗中，白色的亮光可以指引我走出黑暗，那么，处在学习困境中的我，也一定能够跟随某一道白光，走出学习的困境。

　　手中的笔不停地动着，我将听从我的信念，追随着那抹耀眼的白，到达成功的彼岸。那抹白，为我照亮前行的路，指引我前进的方向。

让生命更精彩

陈骏伟

"咚——咚——咚——"你曾在静谧的空间里听到过这样的声音吗？那是心脏在跳动，迸出新鲜的血液，流动到身体的各个部位，让你充满生机与活力。

我喜欢运动，喜欢运动时大汗淋漓的酣畅感觉。因为运动，使我的整个精神世界更加丰满。小时候的我，上学时一天有半天是在医院度过，学习成绩更是难以入目，自卑得像一只丑小鸭，什么也不敢做。直到四年级的运动会，在老师殷切的目光下，我颤抖着走上了跑道。当比赛开始后，我用尽全力奔跑，感受风从我耳边呼啸而过的快感，汗液从额头滑落至下巴，嗓子疼得仿佛能咳出血来。但是当我冲过终点线，老师和同学围着我欢呼时，感受到了极大的鼓励，那样的感觉真好。从那以后，我开始每天运动，在朝阳、夕阳的沐浴下，在操场上奔跑、跳跃……

渐渐的，我的身体越来越好，性格也越来越好，积极地投身各种活动中，体现自身的价值。

在湖南省的一个小山村里，"篮球女孩儿"的运动事迹更是令人为之动容。她在很小的时候就失去了双腿，幼小的她曾几度颓废，失去了生活的希望，甚至不愿意去上学，因为害怕被别人嘲笑。直到有一天，她看到了电视上游泳运动员在水中矫健的身姿，她下定决心，一定要成为一名优秀的游泳运动员。于是，她让爸爸给她在下体绑上一个篮球，然后凭借双手走路，开始了她的游泳生涯。十数年如一日的艰苦训练，她往往要付出比同学更大的努力，摆臂、划水、转身，别人只需要练习几个小时的动作，她却要做几天。皇天不负有心人，去年的她，曾多次连续在残疾人游泳比赛中取得较好的成绩，令老师和同学刮目相看。她越来越爱笑了，对生活充满新的希望。她说："我想参加奥运会，成为世界上最优秀的游泳运动员。"

她将运动融于生命，她用实际行动诠释了运动让生命更加精彩。

倾听心跳的声音，那是生命在运动；听奔跑的声音，那是价值在体现；听双手拍击水面的声音，那是希望在扬帆。去运动，去奔跑，去跳跃，去让生命更加精彩，绽放出光芒。

爱贵在真

黄　佩

繁华散尽，许你一场地老天荒。

你的身影湮没在历史的长河中。那样多愁善感的你，那样坚强的你，那样为爱情不顾一切的你……或许后世对你的佳作充满赞誉，但都敌不过你心中最纯真的爱情……

在最好的年纪，刚巧遇见了最纯真的爱情。那个夏日的午后，你与婢女在园中嬉戏，偶然回眸一瞥，便见一个高大俊朗的男子步入正厅与父亲见面。少女的心思是那样细腻，少女的感情又是那样懵懂与纯真，于是为了见一眼那男子，你将自己的步摇故意遗失到门口，借着捡步摇的机会，想要偷偷地瞥一眼，不料却被发现，于是满脸绯红，装作观赏青梅的样子，满是小女儿的情态。

也许是那份纯真的感情感动了上天，你终于成为他的新娘，婚后的生活甜甜蜜蜜。你们二人忙于收集古玩，编辑《金石录》，虽然有时为了购进文物，导致生活拮据，但你们依然自得其乐。倘若生活只是这样在日复一日的忙碌中度过，爱情也会没了新鲜感。一日，你端坐于镜前，望着明诚为你细心画眉，余光瞥见妆盒上的一朵鲜花，便插在耳旁，看着镜中的自己，问道自己美还是花美。后续的故事我们无从得知，也不知明诚是回答人比花娇还是花比人美，引来你的娇嗔……总之，你们这般纯真的爱情，是你诗歌中动人的诗篇。

不知听谁说，真挚的爱情经得起打磨，于是岁月匆匆而过，你与明诚的闺房之乐也告一段落。朝廷政局动摇，父亲被贬回乡，自己也被迫与明诚分离，那是你最难熬的日子。明明是留有无数童年美好记忆的章丘，此刻也是总能触发你的万般愁绪，终于按捺不住了。对明诚的思念日益加深，你收拾行囊，踏上了前往青城寻夫的路。风雨兼程，义无反顾，几日奔波，入府却看到的是明诚在欣赏歌伎跳舞。你想，是啊，自己老了，哪比得上那些年轻貌美的女孩儿。虽然，明诚对你的到来十分惊讶，但却只是让人安排你草草住下。这时心中的委屈全化成泪水，融入了诗行，但对那份爱却还是义无反顾，贴心地照顾着他。终于，明诚认清了自己的本心，与你过上了从前的日子，那样相敬如宾。

时运不济，命运多舛，宋朝的灭亡，给予了你灵魂沉重一击，多年来与明诚收集的古董字画也在颠沛流离中所剩无几。《金石录》的编写还未完成，明诚却已离你而去。国破家亡，夫死财散，你仿佛经历了世间最不幸的事情，但你依然怀揣着对纯真爱情的信仰，完成了

《金石录》的编写，完成了深爱的人的心愿，给这份爱画上了完美的句点。

"和羞走，倚门回首，却把青梅嗅。"

"凄凄惨惨戚戚。"

"人比黄花瘦。"

……

你短暂的一生是一本薄薄的《漱玉词》，但在物是人非中，你与明诚的那份爱情尤为珍贵。因为那份爱，比钻石还真挚，还永恒。

文学令我着迷

刘　珺

文学宛若一片广阔的天空，我徜徉其中，就好像走过一年四季，如歌如画。

立春，软衬三春草，柔铺一缕香。

不是因为太寂寞才想起你，而是因为想起你才感到寂寞。我在茫茫书海中追寻你那清香的味道，纵使万般艰难，也要找到你，易安。从你情窦初开的懵懂怀春，到与子偕老的新婚祈愿，从深闺梦里的刻骨相思，到爱情之痒的愁肠百结，岁月一丝一缕地爬上了你的眼角眉梢，至深至重的爱情与时光一同成长。你才情婉约，爱意正浓，翰墨泼洒的《漱玉词》晕染了你整个人生。你的坚强、豪迈指引着我步步前行。

别样的风景

小暑，满架蔷薇争艳节，三伏亦感清凉。

"你是谁，读者？百年之后读着我的诗。"一个白发苍苍的老者出现在行行文字中问我。他的眼角荡漾开来细碎的笑意，眼神中是让人捉摸不定但能感到温暖的东西。"如果森林中没有欢乐的回响，如果郁金香的裙摆不在风中飞扬，如果叶尖的露珠不在时间的边缘上舞蹈，那么，请在琴弦上弹出暂无音调吧。因为我想要为你唱歌的心，是不会变的啊！"我低低吟诵着。亲爱的你，在书中，你的义字给了我独有的温暖。

大寒，繁花落尽伊人清瘦，三九寒天可予我温柔？

静静汨罗，守护着你的灵魂，皇皇离骚诉说着你的忠贞。在那个视平民如草芥的动荡年代，你用自己的血泪诠释了什么是心存百姓；在那个烽火连天的战乱时期，你用自己的生命回答了什么是爱国精神。"长太息以掩涕兮，哀民生之多艰。"你的心，与日月争辉，流芳百世。

流连于文学之中，不觉沉醉其中。书中的"一年四季"，果真令人着迷。

那座凉亭令我着迷

薛　辰

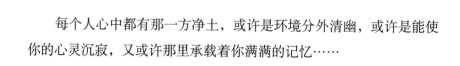

每个人心中都有那一方净土，或许是环境分外清幽，或许是能使你的心灵沉寂，又或许那里承载着你满满的记忆……

犹记那座青山，也记着那座凉亭。奶奶家附近的那座大山，四季常青，山上种满了青松，在寒风凛冽中傲然挺立，在烈日炎炎下彰显着勃勃生机。就是这样的环境中，有一座仿古的凉亭坐落在山顶上，与对面的山顶遥遥相望，颇有"相看两不厌"的架势。凉亭的四角向上翘起，亭顶高高耸起，虽然已经十分陈旧了，但却蕴含着浓厚的历史底蕴，给人以一种古朴而又沧桑的美。自我记事起，记忆中便有了这座凉亭，有了凉亭同我之间点点滴滴的回忆。

很小的时候，我来到这座凉亭，是同父母一起出来登山。那时，年幼的我精力充沛，却还是走到一半就喊累，于是就和父母到这座亭中歇脚。那年的凉亭，是我记忆中身体困顿时栖息的港湾。

后来渐渐长大，每逢周末我都会去凉亭，有时写写作业，有时读读书，有时便只是静静地坐着，听着耳边呼呼的风声。麻雀、杜鹃在枝头叽喳乱叫的声音，伴着古老的凉亭厚重的噪音，向我娓娓道来那一段悠久的历史。那浓厚的历史底蕴让我不觉深陷其中，迷醉其中。

现在的我，依然每周到凉亭去，尽管学业繁忙，凉亭就像一位慈祥的老者，总能让我释怀心中的困惑。静静地坐在凉亭中，将心中的烦恼与苦闷都倾诉出来，我也会将生活中的趣事讲给它听，却不知它是否也会为我忧愁，为我开口呢？它就像一位倾听者，安静地听我讲述着人类世界的故事。

我着迷于这古色古香的凉亭，它对我不言不语，却能抚慰我受伤的心灵。它不喜不悲，才在滚滚的历史长河中保存下来，亭子的破损之处，是它经历无数风霜的勋章。它，真的令我着迷。

夏天来了

毕 然

夏天来了，人们脱下了厚厚的外套，穿上了薄薄的T恤和漂亮的花裙子。在晚上，孩子们早早地把家庭作业做完，和爸妈出去踢足球。知了挂在树梢上，叫声分外刺耳；池塘里的青蛙一直"呱呱"叫个不停，好像在说"热死了热死了"；道路上的看家狗吐出了长长的舌头，一个劲儿地喘气……在踢足球中途休息时，我们会抓一些蚂蚱，把绳子系在蚂蚱的尾巴上，蚂蚱扯着绳子拼命地乱窜，一会儿蚂蚱不见了，而尾巴还在绳子上。这时，大伙儿会"哈哈哈"地大笑，我们玩得开心极了，连蚊子"嗡嗡"咬我们都不知道。有些大人会早早地去河道边散步，五彩斑斓的霓虹灯在河道边闪烁着，照着旁边的花草，一会儿是绿，一会儿是红，一会儿是黄，如同仙境一般，漂亮极了。夜渐渐深了，弯弯的月亮在天空中闪烁着。人们睡着了，热闹的河道上、足球场上都平静了下来，美丽的夏姑娘也沉沉入睡了。

火 烧 云

吴源浩

夏天到了，晚饭过后，我最喜欢天上的火烧云了。

火烧云上来了，十分美丽，照得小孩子的脸红红的。大白狗变成红的了，红公鸡变成金的了，黑母鸡变成紫檀色的了，喂猪的老头儿在墙根靠着，笑盈盈地看着他的两只小猪也变成了小金猪，他刚想说"你们也变了"，旁边走来乘凉的大叔对他说："您老人家必会高寿，您老是金胡子了。"再抬头看看天空，火烧云变化极多，一会儿天空出现一匹马，马头向南，马尾向西，马是跪着的，像等人骑上它的背，它才站起来似的。过了一会儿，那匹马大起来了，腿伸开了，脖子也长了，可马尾巴却不见了，看的人正在寻找马尾巴，那匹马变模糊了。又过了一会儿，一只老虎跑了出来，好像在捉两只兔子。不知是什么时候，老虎消失了，两只小兔子得救了，它们又开始开开心心地玩耍了。一只猴子从草丛中走了出来，好像在说："得救了！得救了！"不久，火烧云渐渐下去了，世界慢慢地暗了下来。

世外桃源

赵思源

我的家乡在农村，是一个美丽、安静的小山村，我爷爷奶奶就住在那儿。

在一个风和日丽的早晨，我和妈妈先坐汽车，再步行一个小时就回到了我的家乡。刚靠近村庄，就听见"哗啦、哗啦"的水声，那是一帘壮观的瀑布，正在流淌。我走了走，一股清香扑面而来，那肯定是美丽的油菜花仙女在表演着优美的舞蹈。

走进家乡附近的森林，那里树木高高的，草绿绿的，石头圆圆的，小河清清的，真是漂亮极了！森林中的鸟儿有的唱歌，有的捉虫，有的在草坪上蹦蹦跳跳，在享受美好生活，欣赏美丽的风景，惬意极了。

那里的人们过着悠闲生活，习惯于日出而作、日落而息的规律生活，好像从没有烦恼和忧愁。他们有时到河边捞鱼，有时在农田干活，有时上山采果。干活累了可以躺在柔软的草地上休息，顺便看看天上的白云。这里没有城市中的雾霾，空气清新，天空湛蓝。天上的白云有的像一只凶猛的大老虎，张牙舞爪，好像要把你活活吞噬；有的像一条巨龙，在天空不断翻腾；有的像可爱的白兔，正在低头吃草；还有的像温顺的绵羊，正在"咩咩"叫唤，和你打招呼。

我的家乡就是前有河流、后有大山的村庄，好一个世外桃源。我很喜欢，你呢？

海边的聚会

肖凯泽

夏日的周末，我跟随爸爸妈妈去海边游玩，坐在车上有些无聊，妈妈便建议我去看天上的云，这有什么可看！一直觉得天上云彩就是那灰蒙蒙的一片，不曾想哪里有趣。

你看哪！这儿的云朵真美呀，假如你加以想象，那一片片的云朵不再是单调的云朵，也不再是灰蒙蒙毫无趣味可言了。满天的朵朵白云它似乎知道这炎热的夏季，冰激凌是最冰凉爽口的了，它可以消除你夏日的满心热火。圣代？哈根达斯？火炬？还是拿破仑？随意挑选。边上的点心并没有规规矩矩地摆放，有纵享丝滑心形的巧克力，有爽滑酥嫩菱形的饼干，还有刚出炉的圆形的棉花糖。比起每日单调的食物会瞬间打开你的味蕾，哇！这不就是一个美食天堂吗！

你瞧呀！那儿的云朵真可爱呀，这边一朵，那边一朵，像是一只只蹦蹦跳跳的小白兔，很不安静，又像是一只只害羞的小花猫，一点儿也不豪放。一会儿又有一朵朵白云前来聚集，仿佛有性格温顺的灰色小绵羊，有激情四射的黄色小猴子，还有体力强大的棕色的大象伯伯，哪里会单调？哪里又会无聊？这不，有只小狗正在"汪汪汪"地向我招手呢，这里不再是静谧的天空，这里是聚会，是舞会。

很快，我们到达了目的地，金色的阳光炙烤着大地，蔚蓝的天空无边无际。白色的云朵，像一朵朵奔腾的野马，一会儿又像一片片白絮，自由自在地飘着，还有什么比夏天的云更有意思呢？

雁 荡 山

王 禹

但凡来温州旅游的，一定会到雁荡山，雁荡山是一个美丽到极致的地方。

雁荡山的水可真美呀，远远望去大龙湫和小龙湫可谓是"飞流直下三千尺，疑是银河落九天"。大龙湫和小龙湫可以说是雁荡山的双子座，大龙湫气势磅礴，水银泻地般的瀑布从一座高山上飞流直下，像银蛇，像一缕缕青烟，又像是一把开了闸的水阀门。它还告诉我水阀门后面有一个水帘洞。大龙湫气势雄伟，更加显得小龙湫的温婉细致，它倒像是一个姑娘，在细细地纺织着手里的细纱，那轻巧，那飘逸，在那光滑细指间轻盈舞动。

雁荡山的山真险呀，那一座座山峰怪石林立，每一块石头、每一座山峰都像是工人师傅雕刻而成。山坡上的台阶又陡又峭，每走一步都要小心翼翼，一边手握着扶手，一边头也不回地往前爬，如果不小心往下一看，你的全身一定冒着冷汗，两脚发麻，那深不见底的深渊会让你毛骨悚然。

雁荡山的树可真绿呀，雁荡山漫山遍野都种满了常青树，在蔚蓝

的天空下，满山的常青树显得更加翠绿翠绿的。满山的常青树似乎是雁荡山的空气过滤剂，使雁荡山的天空看起来更加透明清澈。

雁荡山的美不在山也不在水，而在于它寄寓着当地人民群众对未来的希望和憧憬。

我 的 家 乡

李 瑞

我的家乡在温州，这里的风景优美、物产丰富，是一个美丽的地方。

我的家乡是一个旅游胜地，那里景色宜人，有小桂林之称的楠溪江，有远近闻名的江心屿，有"东南第一山"雁荡山，其中，我独爱雁荡山。

雁荡山奇石耸立，从雁荡山入口处往里走近一点儿，可以看到两条银白色的瀑布，那就是大龙湫和小龙湫。这时会让你情不自禁地想吟诵李白的诗句"飞流直下三千尺，疑是银河落九天"。听着哗啦拉的瀑布声，耳边还不时传来鸟儿叽叽喳喳的鸣叫声，此时会让你有种置身于世外桃源的意境。继续往前走，你会看到许多千奇百怪的石头立于高山之上，有的石头像一张张哈哈大笑的笑脸，似乎在欢迎着远道而来的游客；有的石头像一只只活灵活现的小猴子，在嬉笑玩耍；有的石头像是各路仙人前来朝会；还有的石头像一根根大柱子，立于天地之间。最神奇的莫过于高空骑自行车了，只见他在高空中的钢丝上来去自如，一会儿在自行车上倒立，一会儿在自行车上跳跃，如同行走在平地一般，直叫人叹为观止。雁荡山的景因奇、险、美而闻名，来过这里的人都被这里的景色所征服。

我的家乡还是一个物产丰富的城市，有瓯海的瓯柑，圆圆的，大大的，黄澄澄的，而且汁多甘甜；有茶山的杨梅，圆溜溜的，大的像乒乓球般，紫红红的，让你看着口水直流。温州是沿海城市，所以海鲜也非常多，有鲜嫩多肉的大闸蟹，有香脆可口的基围虾，有锥形的、圆形的、椭圆形的海螺，有各色各样的鱼，还有各种特色美食。

温州，我的家乡，有流连忘返的美景，有恋恋不舍的美食，快来吧！

夏日的夜

曹 晋

夏日的夜晚，我行走在河边的小路上，这时突然有一只青蛙从我的脚边迅速跳过，似乎在急切地去参加一场盛大的宴会。耳边不时传来蟋蟀的奏乐，青蛙在池塘边上发出清脆歌曲，小提琴那种优美韵律从蝉的指尖滑过……哇，这不就是一场盛大的音乐会吗？

透过朦胧的夜色，一朵朵含苞未放的荷花像极了一个个害羞的小故娘，那似张未张的花骨朵儿配上一身清新素雅的绿衣，再佩戴几串珍珠，更加显得晶莹剔透。迎面一阵阵凉风拂过，仿佛母亲在抚摸我的脸颊，既温柔又舒适。抬头看着天空中闪烁着如黄宝石般的星星，

不时地对我顽皮地眨着眼睛，一轮圆盘一样的圆月挂在天边，为我指明回家的路。

不知不觉中沉醉于这样的夏日夜晚，一颗流星划过，我默默地许下了一个心愿，愿流星带着我的心愿，划向远方。

别样的风景

色彩斑斓

　　河水犹如丝绸，蜿蜒伸向远方。说也奇怪，不知为什么，这里的河水特别的蓝，深蓝、绿蓝、浅蓝，交织着，结合着，映衬着。近处，河水平静得如一面镜子，无声无息，沉默不语。

我爱夏天的夜晚

王诗怡

　　随着晚霞的最后一点儿余晖褪去，"火球"终于下山了，月亮姐姐也探出了她的小脑袋，星星弟弟也出来凑热闹来了。夏天，人人都盼望着晚上快些到来，因为夏天的晚上是凉快的、舒适的。

　　到了晚上，我们一家人坐在庭下乘凉，爸爸踉踉跄跄抱来一个又大又圆的西瓜，只见它披着一身碧绿色的外衣，其间还夹杂着一条条黑色与翠绿色的花纹，这是不是大自然的艺术师雕刻出来的呢？我立刻上前拍了拍，发出咚咚咚的清脆响声，这西瓜应该不错。爸爸"哐当"一声，把那个大西瓜切成了两半。只见黑珍珠似的籽镶嵌在红通通的瓜瓤上。中间部分红得鲜艳，越往外面颜色就越浅，有那种渐变的感觉。接着一阵"咔嚓"声，爸爸把它们切成了一小块一小块的。我迫不及待地先拿起一块闻了闻，有一股清香味扑面而来。用舌头轻轻地舔了舔，清甜。再轻轻地咬了一口，好甜啊。我顾不得形象吧唧吧唧地大口吃起来，西瓜汁沾得满嘴都是，连脚下的小猫咪也"喵喵喵"地想来咬一口。

　　吃完后，我坐在摇椅上玩，突然听见"呱呱呱"的叫声，我环视四周，不见青蛙的影子，就起身往池塘边走去，可仍然不知在何处，我灰心丧气地转身走了。知了知了，咦？响起了知了的声音。青蛙打鼓，知了唱歌。随后萤火虫也加入了这个团队，它用优美的舞姿展现了自己的美。我听着、看着，不由自主地也跟着跳了起来。风儿，踏着优美的歌声而来。荷花也挡不住热情，摇头晃脑。这犹如一场演唱会啊！突然，我不小心绊了一跤，家人顿时哈哈大笑起来，我不知不觉也跟着笑了起来，笑声划过了天迹，冲破了宇宙。

夏天的夜晚，从来都是那么愉快、那么美妙。我爱夏天的夜晚！

记忆的色彩

庄　园

在我的记忆中，最美丽的莫过于我的家乡。它位于重庆的一个小山区，这里依山傍水，山清水秀。

奶奶家坐落在一座大山的半山腰，下面是座美而雄伟的桥。栏杆两侧有很多不规则的花纹，有的像小松鼠，一蹦一跳；有的像兰草，随风摇摆；还有的像盛开的荷花，花枝招展。桥面上竖起一尊尊高大威武的石狮，有面带微笑的，有腼腆低着头的，还有昂起头"嗷嗷"叫的。它们形态各异、姿态万千。

桥下是一条深不见底的河流，虽然这河不像小溪一样清澈，不像瀑布那样壮观，但它像星星那般明亮。身旁两座高大的山，就像两个雄伟的卫士一样守护着这条河流。河水犹如丝绸，蜿蜒伸向远方。说也奇怪，不知为什么，这里的河水特别的蓝，深蓝、绿蓝、浅蓝，交织着，结合着，映衬着。近处，河水平静得如一面镜子，无声无息，沉默不语。忽然，一只白鹤以闪电般的速度俯冲下去，掠过水面，打破了河面的平静。远处，鸟儿清脆地鸣，船儿缓缓地走，河面上荡起一圈圈波纹。啊！是那捕鱼的渔民们来了，他们轻轻地划动双桨，到了河中央，便撒下空空的网，收起满满的筐。今天的收获颇丰啊！渔民们呵呵呵地笑了起来，脸上洋溢出灿烂的笑容。

傍晚，夕阳西下，劳作了一天的农人们渐渐回到了家。太阳慢慢落入河流的怀抱中，红了。山红了、水红了、树也红了，眼前的一切都红起来了，像森林着火了似的。渐渐的，河流开始从我们的视线消失了，身旁的树不再红，也不再苍翠了，而是泛着黑色的斑点，绿里带着黑，黑里带着红。

一家家灯火亮了起来，山中便有了灯笼，灯笼越来越多，山中越来越亮，小动物的声音也越来越欢快。这边田野，青蛙的呱呱声令人百听不厌，不像蚊子的嗡嗡声不堪入耳；蝉的吱吱声清脆悦耳，不像蜜蜂的嗡嗡声让人胆战心惊。那边枝上，几处黄莺争暖树，谁家小燕啄乡泥。它们结合在一起，奏成了一首优美的乐曲。我恨不得也变成一只蝴蝶，拍着翅膀，也加入进去呢！

这，就是我的家乡。它虽然没有九寨沟的绚丽，也没有黄果树瀑布的壮观，更没有桂林山水甲天下。但是它朴素而淡雅，自然而清新，纯洁而灵动。我爱我的家乡。

我的好朋友

韩 昭

　　"将军"是外婆家的一只松狮狗。它圆圆的脑袋上竖着一对三角形的耳朵，时刻警惕着周围的动静。滴溜溜的黑眼睛瞪得大大的，披着一身棕色长毛的它远远看上去，像极了一只威风凛凛的小狮子。所以我给它起了个外号，叫"将军"。"将军"对吃十分敏感，要是谁端着盘子从它面前走过，不管当时它是在呼呼大睡，还是在晒太阳，它准会一个激灵跳起来，兴奋地冲着你摇头摆尾，缠着你转圈圈，一副吃不到嘴就绝不罢休的架势。

　　你不要以为它是个贪吃的家伙，当它吃饱喝足了，对弱小者可是绝对宽容的。那天，"将军"用完了它的午膳，心满意足地晒太阳去了，眼尖的小麻雀们发现了"将军"漏在碗边的饭米粒，便暂停了房檐上无休无止的吵吵嚷嚷，鬼鬼祟祟地飞下来。一边瞄着"将军"，一边偷吃它的食物。"将军"的东西，你们也敢偷！也太猖狂了！我暗暗替小偷们捏了一把汗。"将军"半眯着眼睛，似乎在观察着这些入侵者们，可它没有像我想象中那样扑过去，而是大度地闭上了眼睛。不一会儿，干脆进入了梦乡，流起了哈喇子。

　　陪"将军"出去散步绝对是件很神气的事。"将军"雄赳赳，气昂昂，一面东嗅嗅西闻闻，一面留下记号，把它觉得看着顺眼的土地收入囊中。道路两旁不时有一两条叫不上名的狗狗冲着我们汪汪大叫，大概是怕"将军"会霸占它的领土，又忌惮"将军"的威武，不敢冲到面前来。"将军"就这样，在一片狗吠声中挺着胸脯，扬着脖子，横冲直撞，哪里还会顾得上作为它下属的我已经是一路小跑，气喘吁吁。

这就是我时而威风、时而调皮、时而贪吃、时而大度的好朋友——"将军"！

我家的"四大天王"

米家勇

066

四大天王，应是住在天上的神仙，而我家的"四大天王"，却是住在水池子里的。它们就是我养的四只小乌龟。

"炸药包"是四大天王之首，也是一个游泳健将。它游起泳来像参加比赛的选手一样，快如闪电。你要想抓住它，它一会儿向东游，一会儿向西游，根本抓不住。它的脾气也相当火爆，如果谁敢惹它，它一定不会善罢甘休，其他小乌龟都吃过它的亏，躲得远远的，简直就像一恶霸。

"大胃王"是个美食家，胖胖的，背部就像一个小山。它的肚子就像一个无底洞似的，香的、臭的、肥的、瘦的，统统来者不拒，好像永远吃不饱。这样下去，金山银山也不够它吃的。

"小臭美"的眼睛像两颗红豆，龟壳上的花纹也很精致。它没事就趴在水池边的小镜子旁美美地照镜子，欣赏自己，照来照去，左顾右盼，好像在说："镜子镜子，快告诉我，谁是世界上最美丽的乌龟？"

"小黑豆"是四大天王里最小的一个，顾名思义，又黑又小，只有小孩儿拳头那么大，可是它的本领却不小。它平时没事就趴在那里一动不动，练它的"石头功"。哪怕你用棍子去敲打它，它也纹丝不动，令人无可奈何。

这就是我家淘气又可爱的"四大天王"，你们都认识它们了吗？

小　妖　精

李　越

幼儿园的时候，妈妈送我一只黄鹦鹉，这只黄鹦鹉一眼看去特别妩媚，尖尖的小嘴巴，两只勾魂似的眼睛，一身金黄的羽毛，你说它不就是活脱脱的一个"小妖精"吗？

"小妖精"和我相识可以说是一见如故，它是一点儿也不怕生，我坐在它边上看它，它会用它尖尖的小嘴亲我两下，我也颇为享受。它也会在我无聊的时候穿着它那引以为傲的舞衣在我面前舞上几曲。我给它安顿在一个像样的房子中，每日伺候它一日三餐，它呢，看上去也还算是欢快，只是我经常看到它用它的小嘴去啄它的房门。

它的胃口一直不是很好，我想过很多办法，各种美食，各种喝的，它都不为所动，看着它每日在我放学时都会朝着我叽叽喳喳，上蹿下跳，我便会放心地去写作业。

一日，我写完作业正想和它一起分享美味的三明治时，我傻眼了，它的房子空空的，房门开着，它飞走了，想来它每日用它的小嘴去啄房门正是在练"开门功"，为有朝一日离开我做准备。

我的情绪很低落，我用心地待它，为什么它要离我而去，它真真是一个"小妖精"，朝三暮四的"小妖精"。妈妈告诉我它属于大自然，我们把它困在房中它很不快乐，它需要它的伙伴和它的家人，这样我又开始理解"小妖精"了。

"小妖精"是怎么打开门的，我想它靠的不仅是力气，还有的是对大自然的向往和对亲人的思念。

黑色小战士

米嘉禾

也许你喜欢典雅的金鱼，也许你喜欢通人性的小狗，也许你喜欢呆萌的小兔，而我却喜欢好战的小猫。

外婆家养了一只小猫，一双亮晶晶的大眼睛，闪闪发光，像是镶在脑袋上的两颗黑宝石。耳朵像两把尖尖的匕首，高高竖起。黑色毛发里夹杂着一撮一撮白色的毛，十分和谐。如果你对它"喵喵"叫一声，它会歪着小脑袋，眼睛圆鼓鼓，用更大声的"喵喵喵"来回应你。因为它小，且十分好斗，所以我们都叫它"黑色小战士"。

小战士对强大对手很会随机应变。当它遇上家里的那只大狗时，好战的小战士首先挑起战争。瞧，它俩又要开战了。只见小战士放低身子，弓着背，踮起脚，发出"喵喵喵"的挑战信号。而大狗也不甘示弱，发出"汪汪汪"的吼声，迎接着小战士的挑战。小战士主动发起了攻击，它双腿一蹬，像离弦的箭向大狗冲了上去，它们俩纠缠在一起。小战士眼看打不过敌手，突然来了一个三百六十度的滚地旋转，三十六计，跑为上计，闪电般蹿到了柜子底下，成功甩掉了大狗。由于大狗身子太大，进不去，只好在外面蹲守着，蹲着蹲着，就睡着了。小战士见此情景，就跳出来偷袭大狗，得手以后，赶紧溜走，就像打游击似的。这样一来二去，它俩打出了感情，打出了友谊，打出了和平，成了最好的玩伴。

小战士对弱小的对手却百般客气。有一次，不知从哪里捉来一只蜻蜓。先把它放在地上，当它的爪子一松，蜻蜓的翅膀"扑扑扑"地想要飞走。小战士见状，迅速将它按住，蜻蜓不动了。接着又爪子一松，蜻蜓又想要飞，小战士又把它按住。像这样重复好几次，直到蜻蜓累了，小战士也累了，才握手言和。

小战士还有温顺的一面。每次做作业时，它都会在我脚下蹭来蹭去，我的脚蹭着它那柔软的毛，有时像极了冬日里的暖阳，温暖着我的心；有时又像夏日里的风，轻拂着我的脸，舒服极了。它伸了伸懒腰，打了打哈欠，居然在我的脚下呼呼大睡起来。在小战士的呼呼声中，我愉快地做着我的作业。

这就是"黑色小战士"，面对强大的对手可以随机应变；对弱小的对手百般客气，而且还有温顺的一面哦。

美丽的九寨沟

陈 鑫

俗话说"黄山归来不看岳，九寨归来不看水"，没想到，我竟有幸来到这"人间仙境"——九寨沟。

九寨沟因沟内有九个藏族村寨而得名。九寨沟里面最著名的就是水，沟内有大大小小、形形色色一百零八个海子，泉、瀑、河、滩构成一个个五彩斑斓的瑶池玉盆。这里鸟语花香、山清水秀。你看，鸟儿们在窃窃私语，正闲聊着自己一天的所见所闻；花儿的香味，引来了蝴蝶与蜜蜂，蝴蝶正躺在花床上享受着阳光浴，而蜜蜂正贪婪地吸吮着花蜜。山是那么的青，青得逼你的眼，一棵一棵的树耸立在光秃秃的山上，为孤单的山峰做伴；水是那么的清，清得可以看见底下的沉石，鱼儿们正吐着泡泡，说着悄悄话，迎接美丽的风景。池里的沉石，正在诉说着自己的快乐时光；朽木正静静地躺着，等待着它苏醒的一刻；水草跟着微风跳着优美的舞蹈！时隔多年，让我印象最深刻的要数五彩池和诺日朗瀑布了。黄龙的五彩池不仅多而且大，而九寨沟只有一个，那在九寨沟独居的五彩池，仿佛是九寨沟里的"镇沟之宝"。它犹如一个风姿绰约的少女，在神州大地上展示着它的美。它晶莹剔透，像珍珠，似钻石，如翡翠。五彩池，顾名思义，就是五颜六色的了，有如翡翠的绿、宝石的蓝、橘子的黄、珍珠的白、铁锈的红，它们交织着，结合着，映衬着，构成了一幅璀璨夺目的风景画。不知是人工制作，还是大自然的鬼斧神工，这池不但五彩斑斓，而且还是阶梯状的，太神奇了。据说，在里面洗了手，还可以带来好运。于是，我迫不及待地跑去大洗特洗了一番，仿佛洗的不是手，而洗的是好运呢。正当岸上的人们叽叽喳喳地议论着它的美时，它却默默地等待着下一批游客的到来。 远远的，就听见了哗哗哗的水声。没错，那是瀑布。诺日朗瀑布是九寨沟里最大的瀑布。它犹如一个风华正茂的少年，展示着它特有的魄力。看，瀑布如巨幕般倾泻而下。咦，珍珠，珍珠！这不是珍珠，只是飞溅的水珠，可它比珍珠更珍贵。听着哗哗声，感觉着珍珠打在脸上，顿时，烦闷消失了，惬意无比。爸爸拿着相机，抓拍下了我这舒适的神情，这一刻，永远地留住了我的快乐，我的幸福，我的回忆。

这，就是如梦如幻如仙的九寨沟！

魔幻之美

杨　颖

我最喜欢看天上的云，它变化莫测，形态各异，美不胜收！

早上的云洁白如雪，犹如一朵朵盛开的百合，在空中随风飘荡，伴我上学。

傍晚的云就像秋天的枫叶，红得似火，这就是"火烧云"。这时的天空中就像无所不能的魔术师，刚刚云还像一匹汗血宝马，在蓝天上"嘚嘚嘚"奋蹄驰骋。眨眼间变成了一条巨龙，在天空中张牙舞爪，发出凶狠的吼声。还没等我看清它的外貌，又变成了一只温顺的绵羊，品尝天上的灵草，还不时发出"咩咩"的叫声。一阵风拂过，云又变成了一头凶猛的狮子，恰似温顺的绵羊被狮子一口吞了，我正要驱赶这头讨人厌的狮子时，它又摇身一变，变成了一只无比可爱的兔子。

雷阵雨前，在隆隆的雷声中乌云逐渐把白云"消灭"，由一小块变成一大片，最后竟像风暴，席卷长空，似乎即将要倾向大地的不是大雨，而是浓浓的墨汁，令人惊畏。这时的云幻化成一个妖怪，吓得我魂飞魄散，转瞬间又变成一头凶残的猛兽，挥舞着四肢攻击地面，正当我准备后退两步时，云又变成了一只凶神恶煞的怪兽，它在天空中怒吼了两声，把我吓得差点儿摔倒。

暴雨过后，天放晴，天空出现彩虹，犹如花束编织的环带，缀在蓝色的裙襟上。在彩虹的映衬下，天似乎更蓝了，云也更多、更厚了！云变化得也更快了，一会儿变成小狗，一会儿变成仓鼠，一会儿又变成奶牛……

我喜欢看云，喜欢它变化出的种种故事。

我 的 家 乡

杨　璐

我的家乡在江苏海门。它没有大都市的繁华喧闹，也没有大都市那样令人向往。但它是一个美丽富饶的小城，是一个沁人心脾的小城，是一个令人陶醉的小城。

你们都听说过教育家、慈善家、企业家张謇先生吧，他就是我们江苏海门人，在我们小城就有他的纪念馆。纪念馆门前有一对威风凛凛的石狮子守卫，跨进大门，照壁上镌刻着张謇的名言："天之生人也，与草木无异。若遗留一二有用事业，与草木同生，即不与草木同腐。"穿过照壁，院子里有一棵二百多年的参天古木——银杏树，它枝繁叶茂，郁郁葱葱，树干最起码五六个人手拉手才能围住。纪念馆主楼是座中西风格结合的二层小洋楼。大厅中间屹立着张謇的半身铜像，身着西装，戴着领结，目光凝视远方，恰似在思考怎样发展经济，实业救国。进入展示厅，迎面而来是三组雕像，分别是《拾金不昧》《夜读三更》《状元鬻字》。纪念馆展示材料分别从"出生成长""实业救国""教育兴国""社会事业""纪念研究"五个篇章，介绍了张謇一生的奋斗历程和伟大业绩。张謇以强毅力行的精神，创办了大生集团及其附属实业群体，在纺织、交通、商贸、金融和其他服务业都取得了举世瞩目的成就。他一生创办四十多家企业，三百七十多所学校。

说起张謇，你们还会想起他创办的颐生酒厂，该厂也在我的家乡。颐生酒早在1906年就在意大利万国博览会获金奖，这是国内酒类获得的世博会第一块金牌。在酒厂附近就能闻到浓浓的酒香，嗅着酒香我眼前仿佛出现了一个个装满黄灿灿玉米的酒缸，工人们正在挥汗如雨地用木棒不停地搅拌，好一个热火朝天的生产场面。

我的家乡还有人潮涌动的国际家纺城、六十余个牡蛎堆垞积而成的蛎蚜山、著名的美食海门山羊肉、非物质文化遗产沈绣和海门山歌……

我爱我的家乡！

乘 凉 记

王 瑞

一个夏天的晚上，我们全家在外面乘凉。

正当我们兴高采烈地唠家常时，一只蚊子嗡嗡地飞了过来，我拿起苍蝇拍，向蚊子飞的地方拍去，但似乎是我晚了一步，蚊子往别的地方溜走了。我可不罢休，朝着它追了过去。正当我跑得上气不接下气的时候，蚊子突然靠在墙上不动了，好像以为没人在追它了。趁着这大好时机，我一拍打了过去。哇，蚊子被我给消灭了。

妈妈为了奖励我立下的汗马功劳，开一个西瓜来奖励我。我对妈妈说："妈妈，让我来试试吧，你在边上教我。""不行，太危险了。""不，我都长大了。"妈妈无话可说，只好让我来开西瓜。我拿起刀，按照妈妈的指挥，在西瓜中间把刀用力往下一按，咔嚓一声，一股淡淡的清香扑鼻而来。这时，我早已馋得口水直流，拿起一块马上就咬了一口。一只苍蝇好像闻到了味道，寻着香味过来了，嗡嗡嗡在我四边打转，眼看它就要飞到了西瓜上。我赶紧又拿起苍蝇拍，经过一番"战斗"，苍蝇终于被我消灭。

"酒足饭饱"的我回到躺椅上，在蝉的鸣叫声中，在阵阵凉风的吹拂下，渐渐的，我进入了梦乡。

夏　夜

王　硕

　　我喜欢夏天，更喜欢夏天的夜晚。

　　抬头向天空望去，一轮明月飘在深蓝色的天空中，皎洁的月光照在房屋上，照在树木上，也照在草地上。大地万物仿佛被洒上了一层薄薄的牛乳，又像笼罩着一层朦胧的面纱，我望着这轮明月，不由得想起了李白的诗："小时不识月，呼作白玉盘。又疑瑶台镜，飞在青云端。"这描写的不就是眼前的画面吗？也许担心月亮婆婆太孤单了，小星星们也赶来凑热闹，它们你冲我眨眨眼，我冲你挤挤眉，像是在做游戏，又像在聊天。

　　天空是宁静的，地面上却很热闹。听，蟋蟀在草丛里"啾啾"地低唱，不知疲倦的知了在树上"知了知了"地叫着，五颜六色的小汽车"嘀嘀"地在马路上穿梭着，偶尔能听到小狗"汪汪汪"的叫声，一阵风吹来，树叶发出"沙沙"的响声。各种声音交汇在一起，像一曲优美的交响乐。

　　夏天的夜晚是宁静的，又是热闹的，你喜欢夏天的夜晚吗？

看 云

刘 敏

有人在大海边看云，有人在草原上看云，而我在火车上看云。

今年春节，爸爸妈妈带我坐火车回老家。在车上无聊的时候，我会透过玻璃看天上的云。看着看着，突然发现了一朵形状奇特的云。"妈妈，快来看，你觉得那朵云像什么？"我急切地说。妈妈顺着我手指的方向看去，"我觉得像孔雀开屏，向人们展示它漂亮的羽毛。"这时爸爸也把头凑过来说："我觉得是一只饥饿的猎豹，正在追捕一只惊恐的羚羊。"我说："你们说的都不像，那分明是一只小狗，正趴在地上'嘎嘣嘎嘣'啃骨头呢。"我们七嘴八舌地议论着……

春节过后，我们依依不舍地踏上了回京的旅途。我还是习惯透过玻璃看天上的云，天上的云变幻莫测，有的像蜀国君臣在追悼诸葛孔明，有的像林黛玉葬花，还有的像三打白骨精时，孙悟空被唐僧赶走……其实，云还是来时的云，天还是来时的天，只是我的心却分外忧伤罢了。

每次坐火车都是相同的旅程，但来回总是不同的心情，看到的云也不同。

纳凉偶遇

李彦珺

这几天的心情很糟，再加上连续几天的高温，即使有什么高兴的事，也会令人无精打采的。今晚我到马路上纳凉，本以为会一无所获，但没想到夏的夜如此之美，竟把我迷住了。

荷塘中青蛙正奏着美妙动人的音乐，蟋蟀配上了独一无二的伴奏，成了一首欢快的交响曲，还可以跟管弦乐比个高低呢！呱呱呱，原来是青蛙正在嘲笑它们的歌曲不好听。

晚上，走进花园，一种香味将我引到荷塘边，看到亭亭玉立的荷花像仙女站在荷塘中。这些荷花有的穿着粉色的连衣裙，有的露出嫩黄色的莲蓬，有的还是花骨朵儿，看起来肿胀得马上要破裂似的。马路上空空如也，偶尔有几辆汽车开过。在小区里有一种迷人的芳香让你陶醉，可是果实累累的气息久久不能消散，但是又不浓。抬头看天，只有几颗星星正眨眼睛，可是却从来没有人嘲笑它们的渺小。因为我们一直都知道，有些东西并不像表面那样渺小，一旦爆发，那就是一种无穷的力量。如果把它看作一幅活的画，那画家可真了不起！在宁静的夜晚，我可以舒舒服服地睡上一觉了。

善变的云

王展鹏

夏天的云千姿百态，风一吹就换了一个人似的。

清晨，我抬头看见了一座"白云城市"。我想："它们也像我们一样快活吧？"风一吹，白云有的像凶猛的老虎，有的像威武的狮子，有的像笨重的大狗熊。

傍晚，威武的狮子成了一只只活泼的小狗，凶猛的老虎成了一群群乖巧的小绵羊，笨重的大狗熊成了一位美丽可爱的小公主，那红红的颜料成了一只只红蝴蝶翩翩起舞。我想："它们一定在那儿开心地抓蝴蝶。"如果是我，我要变成大狮子在云层里奔跑，抓捕猎物，开心地生活。更有趣的是那边的云朵，云朵像电视里有趣的猫捉老鼠，像狡猾的狐狸和野蛮的狗熊在搏斗，像羊在吃草，仿佛在赞扬草很好吃……这画面，神笔马良看见一定也会羞愧万分吧！

云真是善变的东西啊！

美丽的西湖

孙振超

　　俗话说得好："上有天堂，下有苏杭。"杭州西湖的确是一个令人向往的好地方。我们乘着小木船，荡漾在西湖上，悠闲自在地观赏着美景。我看见过波澜壮阔的大海，游赏过水平如镜的月湖，却从没看见过西湖这样的。

　　西湖的水真柔啊，柔得仿佛是一位温和的母亲；西湖的水真亮啊，亮得仿佛是小朋友清灵的眼睛；西湖的水真绿啊，绿得仿佛是一块无瑕的翡翠。湖上泛起微波，偶尔能看见彩色的小鱼从水面上跃起，甩了甩那漂亮的尾巴后就轻盈地落入水中，它们给西湖增添了无限生机。我们来到荷花池边，那里的荷花真是"出淤泥而不染"啊！白的似雪，粉的似霞，红的似火，那么艳丽，像一位位亭亭玉立的公主。一阵微风吹过，一池的荷花开始翩翩起舞，引来了许多小精灵前来"做客"。在碧绿的大圆盘底下还藏着许多可爱的小乌龟，它们有的靠自身的浮力在水面上晒太阳，有的跟好友做游戏，还有的在练习游泳呢！西湖的桥也是很多的。大多是石拱桥，其中以断桥最为显著，断桥也是西湖十景之一。传说许仙与白娘子便是在这里相逢相识的。起初，听桥名，我以为桥是断的，但看到以后，才知道是座弯曲很大的拱桥。站在桥上，向下俯视，哀残的荷叶在风雨中摇曳，大片

079

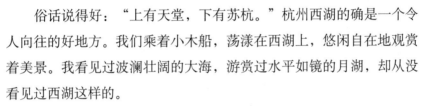

积水堆积在荷叶上，几乎把它纤细的腰压折了。偶尔一阵清风掠来，只见它稍稍弯曲将水倾出，又笔直地弹了回来，几株荷叶同时将水倾出，"扑通，扑通"好像在说着什么。如果你够仔细，你会看见金鱼在水中遨游，瞧！它们正在荷叶下躲雨呢！

西湖的美景，不仅春天独有，秋天中的景色也是唯美的。西湖十景，绕湖分布，组合在一起，又能代表西湖盛景的精华。

思 念 的 诗

李雯雯

我的家乡没有繁华酥骨的都会，没有静谧侵肌的湖泊，没有悲剧般幽深奇诡的城堡，没有绿得能融化你所有思绪的大森林。但是，我的家乡却有古色古韵的亭台楼阁，有湍湍奔流的小溪，更有青山绿水环绕的农家小院。弯弯的小河、静静的村庄、浩瀚的蓝天、悠悠的白云、潺潺的小溪、窄窄的小桥构成了故乡诗意的轮廓。

家乡的春天，当第一抹春痕出现在大地上时，就意味着大地复苏，乡村也迎来了她的春天。小鸟们飞来飞去，发出"叽叽喳喳"的声音，好像在传播春天来到的消息。柳叶吐出绿芽，远远望去，仿佛是用蜡笔涂上淡淡的绿色，淡雅极了！小草变得更绿了，春风拂过，仿佛是滚滚的绿色波浪流向远方。乡村更美了，人们个个穿得精神抖擞，容光焕发，参天大树整齐地排列在小路旁，老人们在树荫下谈天、下棋，各色花坛弥漫着一阵又一阵的幽香，吸引了许多人观赏。

一条清澈见底的小溪，终年潺潺地环绕着这座大山。溪水刚好没过脚面，小鱼、小虾、小螃蟹的影子在石头旁随处可见。几只麻雀在溪两岸松软的草地上"啾啾啾"地歌唱，小溪发出"啦啦啦"的流水声为麻雀伴奏着，而且水是那么的清，从来不会出现不该出现的东西。家乡的傍晚，小路上铺满了细碎的残阳。稻草披着一件件柔软的金黄绸衫守候在寂静的乡野，田野间蛙儿鸣，虫儿唱。还有那青青草地上等着归家的牛羊。淡蓝色的袅袅炊烟飘荡在蜀西黄昏的村庄，小屋里一定有美味的乡间菜肴。这蓝悠悠的炊烟从屋梢缓缓升起是催促在田地里劳作的人们回家的诗意符号。那时候田埂上、小河边、老树旁总会有一群小小的身影，村庄很热闹，很丰满，同时也很慈祥。

故乡它就像是一支歌，一支越唱越香、越唱越醇的歌；故乡它就像是一首诗，一首越吟越舒心、越吟越思念的诗。

夏夜交响曲

熊景亭

夏天的夜晚，是凉爽的，是美丽的，是充满生机的。

夏天的夜晚是凉爽的。在那毒辣的太阳收工之后，夏季的大地就仿佛士兵离开了战场，一下子轻松下来。那正午的炎热就如云雾般一下子散开了。许多人都搬了椅子凳子，坐在大树下，谈谈家常，嗑嗑瓜子，吹吹牛皮，笑声将那黑色的天空点亮了起来。那一颗颗躲着猫猫，充满着童趣的小星星不正是那笑声的精灵吗？

夏天的夜晚是美丽的。不知你是否认真观察过夏季的星空，那调皮的小星星眨着它们可爱的亮闪闪的小眼睛分布在夜空的各个角落。有的连成一架琴，有的组成一只鹰，有的变成一把勺，把夏季深蓝的天空装点得丰富多彩，灵动可爱。青草在月光的照射下，散发出独特的清香，让人不禁止住脚步。驻足于这大片大片的嫩草前，俯下身去，轻触那柔软的叶尖，享受着夏季带来的美好与快乐。

夏天的夜晚是充满生机的。当你闭上眼睛，走进一片树林，你会听见什么？如果是冬季，你听见的也许只是一片宁静。但如若是夏季，你听到的必定是一场美妙的交响曲。"呱——呱呱——"你听，这是青蛙率先开始它的演唱。"啾啾——啾啾啾——"别的小虫也不甘示弱，纷纷开始展示自己的歌喉。这些声音形成了杂乱但美妙的乐曲，在夜空中久久回响。

夏季的夜晚，永远如此凉爽、美丽，充满生机。

变 化 之 美

黄路斌

云是变化无穷的，时而通红如火，时而平静如水，时而洁白如玉，让我喜爱不已。

我最爱的，是早上的云。太阳还未出现时，天空是深海般的暗蓝，白云就好像茂盛的水草，铺满在天空。紧接着，天边出现了一丝微红，好似少女粉嫩的脸颊，又似天鹅嗫食的嘴，一点儿一点儿地向外扩展。终于，太阳顶着它那红彤彤的圆脸，打着哈欠，迈着沉重的脚步，从云层后面缓缓升起，开始了新的一天。

中午的云，是一位位充满奇思妙想的大梦想家。它们淘气地追逐嬉戏，时而融合在一起，时而四分五裂开来，像一群稚气未退的少年，在明媚的阳光中显露出青春的气息。它们还施展着变身术，时而像一只吃草的绵羊，时而像一个圆圆的圆饼，时而像一匹健壮的小马。让人产生无穷无尽的想象，仿佛置身于一个童话王国。

傍晚的云，是上帝的宠儿。太阳结束了它的工作，从山后缩回头去，那天上的朵朵白云瞬间变成了火烧云，红的如火，如枫，如血。那殷红的云彩围绕着太阳，一种朦胧的美感油然而生。天、日、云，构成一幅美丽的油画。不禁停下脚步，仰头望天，静静地欣赏这美妙景象。

我爱那变化多端的云彩。

083

色彩斑斓

心中的地方

　　"晴川历历汉阳树，芳草萋萋鹦鹉洲。"崔颢的《黄鹤楼》生动形象地向我们描述了当时的黄鹤楼周围之美景，也表达了作者对黄鹤楼以及周边景色的喜爱之情。

家乡，我爱你

韩　怡

　　我的家乡在湖北。这里物产丰富，水源充足，交通发达，是有名的鱼米之乡。这里还保存着许多历史建筑，每年都有成群结队的游客慕名而来。

　　湖北省有"千湖之省"的美誉。相传很久以前，湖北是一片很大的沼泽，叫云梦泽，是当时中原大陆上最大的沼泽。相比之下，连鄱阳湖都要逊色几分呢。现如今虽然成了陆地，但水的踪影并没有消失。它成了湖北境内大大小小的湖泊大江。长江、汉江、东湖、南湖、沙湖、梁子湖……数不尽的湖泊洒满了整个湖北。

　　湖北最有名的建筑要数黄鹤楼了。曾经有许多文人墨客来此吟诗作诗。"晴川历历汉阳树，芳草萋萋鹦鹉洲。"崔颢的《黄鹤楼》生动形象地向我们描述了当时的黄鹤楼周围之美景，也表达了作者对黄鹤楼以及周边景色的喜爱之情。连生在他乡的人都感叹黄鹤楼的美，出生在此的我又怎不为它的美而自豪呢？

　　最令人叫绝的还是武汉的热干面。那筋道的面条，配上芳香四溢的芝麻酱，再与各种各样的调味料和在一块，用筷子拌一拌。顿时，千里飘香。让人大脑不受控制地想去咬上一大口，仿佛要一口气吃下整碗面一样。

风 景 如 画

杨育同

我的家乡在厦门，是个美丽又繁华的城市。

厦门是个美丽的城市。它有着漂亮的白鹭洲，白鹭洲的湖像一个文静的姑娘在梳头，点点白鹭在碧波上自由地飞翔，犹如一幅山水画，美丽极了；它有着庄严的胡里山炮台，那一台台大炮，气势雄伟，好像可以轰退千军万马似的，令人为之震撼、为之折服；它有着新奇的万石植物园，那里的花争奇斗艳、万紫千红，白的、红的、紫的，散发出诱人的芬芳，只见一只只五彩缤纷的花蝴蝶在花丛中翩翩起舞，令人心旷神怡……我最喜欢的，还是鼓浪屿，鼓浪屿的建筑犹如一曲曲凝固的音符，充满了异域的风格，一座座英式、法式、德式的房子，耸立在海边，好像在诉说着它那悠久的历史，令人流连忘返。漂亮的白鹭洲、庄严的胡里山炮台、新奇的万石植物园，再加上充满着异域风情的鼓浪屿构成一幅多姿多彩的画卷。

厦门不但美丽，而且繁华。一年一度的"九八"会议，使厦门走向世界的前沿，即将到来的"金砖"会议，又将使厦门走向一个新的高度。看，那里就是繁忙的东渡国际码头，它是海上的货运枢纽。每天都有一艘艘的远洋巨轮开进港口，一只只"大手臂"提着一个个集装箱运进厦门。一艘艘的远洋巨轮、一只只"大手臂"，构成欣欣向荣的景象。

　　充满着异域风情的鼓浪屿，再加上欣欣向荣的东渡国际码头，构成一幅厦门的风景画，我爱我的家乡——厦门！

美丽的鼓浪屿

陈　聪

　　厦门的景点十分多，如同天上的繁星一样数不清，但有一颗星星最为耀眼，它就是我们厦门最美丽的景点——鼓浪屿！

　　鼓浪屿有许多美丽的景点，如雄伟壮观的日光岩，清秀典雅的菽庄花园，正气凛凛的龙头山寨……其中最有特色的还是鼓浪屿的建筑。鼓浪屿以前曾是各国使馆所在地。现在，各国使馆的遗址还在那里，很值得一看。还有各种各样的祖宅与纪念馆、教堂，如三一堂、黄氏祖宅等，那祖宅、教堂并不是旅游景点，而是一种精神的传承。

　　鼓浪屿有着深厚的文化底蕴，这里还出过不少名人，有中国现代妇产科医学奠基人林巧稚、中国语文现代化先驱卢戆章、中国现代体育启蒙家马约翰等。从19世纪中叶起，伴随着基督教的传播，西方音乐开始涌进鼓浪屿，与鼓浪屿优雅的人居环境相融合，造就了鼓浪屿今日的音乐传统，培养出周淑安、林俊卿、殷承宗、陈佐煌、许斐平等一大批杰出的音乐家。如今，鼓浪屿的人均钢琴拥有率为全国第一，所以又有"琴岛"之称，岛上有一百多个音乐世家，2002年鼓浪屿被中国音乐家协会命名为"音乐之岛"，最近还被联合国认证为

"非物质文化遗产"，声势更加壮大。

鼓浪屿以其婀娜多姿的自然风光和积淀深厚的文化底蕴，成为国家重点风景名胜区。我爱美丽的鼓浪屿，更爱美丽的厦门！

彩色的家乡

李宗昊

我的家乡山东招远是金色的，是银色的，是彩色的。

我的家乡是金色的。我的家乡是中国金都，盛产黄金。来到首饰城，首饰城里有金、银、铂金、彩金的首饰，在灯光的照射下，有的很纤细，像美丽的小姑娘；有的很厚重，像时髦的贵妇人。离开首饰城，来到淘金小镇的淘金河。拿起淘金用的木板，往水里一插，只听见河水的"哗啦哗啦"声。我正在专心致志地淘金，听到别人大喊了一声"淘到金子啦"，我过去一看，在泥土色的木板上，有一粒黄澄澄的金子，跟沙粒一般大小。

我的家乡是银色的，它是龙口粉丝的发祥地，被称为"银丝之乡"。来到晒粉场的外边，从远处一看，像从天上掉下来的一大片云朵。走近一看，在晾晒粉丝的架子上搭着粉丝，一排排的，很整齐，像飞流直下的瀑布，像缓缓流动的河水。被风一吹，又像流星划过天空留下的美丽的弧线。偶尔有几只小麻雀飞过，像墨水滴在空白的纸上。

我的家乡是彩色的。春天的樱桃，有黄的，有红的，有黄中透红的，有红中透黄的。夏天的西瓜，拿刀一碰深绿浅绿交错的皮，"咔"的一声，西瓜就裂成两半了，露出了红红的瓤。我大饱口福地吃着，我的肚子变成了一个小西瓜。我喜欢秋天的红富士苹果，苹果像我玩痛快之后红扑扑的脸。

我的家乡真美啊，我怎么能不爱我的家乡。

夏天的云

李祥吉

夏天美丽的东西有很多，但我最喜欢的还是夏天的云。

晴天的中午，天空上的云朵变化多端。有时像一只温顺柔弱的小羊在吃草；有时像一根巨大的、七彩的棒棒糖；有时又像一只斑斓的华南虎在咆哮；最后又变成一座城市在空中飘着，上面的人们有的在低声交谈，有的在高声叫喊，还有的在享用一顿大餐。

傍晚，天空好像被火烧了一样，红彤彤的。红红的云朵有时像一把火焰长枪，刺死前方的敌人；有时像一群穷凶极恶的狼在追赶前方的小羊，小羊十分机灵，狼怎么也追不上；有时候像一片红色的大海，波澜壮阔、波涛汹涌，十分壮观。

夏天的云五光十色、变化多端，我真喜欢夏天的云啊！

记忆中的那朵云

范晓文

云，飘忽不定，变化多端。

不记得第一次看云是什么时候。只记得小时候妈妈带我看云：那是嫦娥，那是孙悟空……

小时候，和小伙伴一起玩捉迷藏。玩累了，坐在草地上抬头看云。不知是谁先说了一句："那云像一只狗。"于是，我们纷纷接上："那云像孙悟空在打白骨精。""那云像一只天狗在食日。""那云像一个顶天立地的巨人撑着天地。""嘿，看哪！那不是嫦娥奔月吗？"时间就在谈笑中缓缓过去。

暴雨前的云就像一个个张牙舞爪的妖怪。暴雨过后，道道阳光照射大地，妖怪纷纷败退。如今，学习日益紧迫，悠闲的时光也很少了。

"众鸟高飞尽，孤云独去闲。"那朵承载着我情思的云，也在目光的注视中，越飘越远，越飘越远……

美丽的夜晚

彭 昆

生机勃勃的春天走了，迎来了烈日炎炎的夏天。夏天，不但有烈日下的大海，而且有同样美丽的夜晚。

夏天的夜晚绚丽多彩。夜幕渐渐降临，街道上车水马龙，大人和孩子都正要回家。街道上的霓虹灯五光十色，黄的、蓝的、红的……形状也各式各样，黄色的小鸭、蓝色的大海、红色的十字……美丽而多彩。

夏天的夜晚是宁静的。夜幕完全笼罩大地，天空一片黑暗。狗不叫了，车道上也无车辆在行驶，就连玩耍的孩童也失去了踪影。大家都已安然入梦。只有青蛙还偶尔发出几声"呱呱"的叫声。真是一幅美丽的夏夜风景图！

夏天的夜晚，不同于春天的生机勃勃、秋天的硕果累累、冬天的白雪飘飘，夏天的夜晚，自有它的一番情趣，我爱夏天的夜晚！

漫　步

李妮妮

　　傍晚，吃完饭，我到公园散步，一进门就听到一曲"音乐"正在演奏，我想一探究竟，就顺着"音乐"跑了过去。

　　真静啊！只听到蟋蟀站在树上津津有味地弹琴呢，吱吱，吱吱……青蛙在荷叶上闭着眼睛敲着木鱼，呱呱，呱呱……原来是它们在演奏"音乐"啊！我不由自主地拍起手来！

　　真美啊！只看到小星星顽皮地在深蓝色的天空上直眨着眼睛，好像在和月亮婆婆做游戏呢！月亮婆婆见了它们调皮的样子，躲在云朵里和孩子们玩捉迷藏呢！

　　真香啊！只闻到茉莉花正散发出自己的"香水"味。我小心地摘了一朵茉莉花，放在手里，轻轻地抚摸它那五片洁白的花瓣，好软好嫩啊！我又闻了闻，啊！好香啊！让我陶醉在那"香水"之中。我仿佛看见茉莉花仙子在舞台上认真地跳舞呢！

　　真安静啊！真美丽啊！真香啊！我爱这美丽的夜晚！

夜

梅小丁

　　我喜欢夜晚，喜欢夜晚的凉风，喜欢凉风中那闪亮的萤火虫。

　　农村的夜晚，萤火虫正提着绿色的小灯笼在飞着。白天工作的耕牛在这时也已经呼哧呼哧地睡着了，这时的风呼呼地刮起来，吹在人身上，让人感觉十分的凉爽。天上的弯月如一只小船稳稳地停留在空中，这小船亮得发白。

　　城市里的夜晚十分的喧闹。大街上，散步的人们特别多，汽车的喇叭声也不时响起。这时的城里五光十色，从这座楼上射出绿色的灯光，从那座楼上又射出蓝色的灯光，五彩缤纷，美不胜收。街上的车辆很多，车灯点亮起了无数的灯光，照射在一些有颜色的楼台上，这座楼台是绿色的，那座楼台是紫色的。五光十色，数不胜数。

　　我喜欢夜晚。喜欢夜晚大街上的喧哗，更喜欢农村夜晚的宁静。

爱 云 说

王丽娜

看云是一件别有风味的事。

早上太阳还未升起，云朵们都躲在浓重的夜幕之后。当第一缕阳光射向大地的时候，浓重的夜幕徐徐拉开，幕后的云朵披上了一层淡淡的金光。当太阳手握无数把金剑划向整个天空，夜幕"哗"地一下完全被撕碎了。云朵们终于现出了身影，既像刚出生婴儿的小脸蛋儿，又像仙女挥舞的彩带，还像精灵曼妙的舞姿。早上的云充满希望，带着柔嫩，透着喜悦。

中午，蔚蓝的天空上飘着洁白的云。天映衬着云，让云显得更加的洁白。云点缀着天，让天又显得更加的蓝。抬头仰望，有的云像水中游动的鱼儿，闭上眼睛，仿佛能听见那"哗哗"的拨水声；有的云像凶猛的狮子张开嘴巴发出吼声；还有的云像一位拄着拐杖的老人颤巍巍地走着。一阵风吹过，鱼儿游上了天空，变成了鸟儿，扑腾着翅膀；凶猛的狮子变成性情温顺的小绵羊，咩咩地叫着；步履蹒跚的老人也变成了在地上打滚儿的小儿。中午的云真是变化多端。

傍晚，太阳落下了山，晚霞染红了整个天空，洁白的云变成了一朵朵火云。火云既像一张巨大的渔网笼罩着天，又像翻滚的黄河在咆哮，还像等待出征的千军万马。听，"呜——呜——"出征的号角已经吹响。"咚咚——咚咚咚——"战斗的鼓声已经擂鸣。"风萧萧兮易水寒，壮士一去兮不复还"，说的正是这些将士们吧。傍晚的云是气势磅礴的。

我爱云，爱它的身姿，爱它的形态，更爱它的气势。

圆　　圆

蔡宇川

我有一个亲密的小伙伴——布偶猴子。

我的小伙伴十分可爱。抱在怀里，软绵绵的，暖乎乎的。抱着它，我就像拥有了整个世界。它有一个圆圆的脑袋，一对圆圆的耳朵，一双充满灵气的眼睛，仿佛会说话，又大又圆。所以我给它取名叫"圆圆"。圆圆穿着橙色的外衣，系着粉红色的围巾，围巾上面还有一朵黄色的小花呢。看到这样的圆圆，有谁会不喜欢呢？

圆圆是我的忠实听众。读诗词时，我会把它抱在我的腿上，给它吟诵"天生我材必有用，千金散尽还复来""会当凌绝顶，一览众山小"。当我看它时，仿佛看到它眼中的两个小问号。"诗词的意思，你现在不懂没关系。等你长大了会慢慢明白的。"这话是说给圆圆听，也是说给自己听。

弹钢琴时，我会让圆圆坐在它的专属小凳上，为它演奏《月亮代表我的心》《致爱丽丝》。当我的十指在黑白的琴键上翩翩起舞时，美妙的旋律也随之飘荡起来，我们均已陶醉其中。一曲完毕，只见圆圆的眼睛里充满了对我的崇拜，这时的我无比自信。

圆圆是我的知心好友，心事与愿望，我都会同它分享。记得第一次被选为班长时，激动的心情在学校压抑了一整天。回到家，一把抱起圆圆又蹦又跳，语无伦次地说着："班长，圆圆，我当班长了，你知道吗？……"圆圆的眼里满是笑意，它在为我的开心而开心，我整个人都飞扬起来。

圆圆是我的守护神。每晚睡觉，它就像妈妈一样陪伴在我的身旁。有它在，我一点儿也不害怕。"我打，我打死你。"噩梦中，我手脚并用地同怪兽搏斗着，眼看怪兽就要将我一口吞下，在这千钧一发之际，我顺手抓起一件兵器扔了过去，瞬间，怪兽灰飞烟灭。睁开眼睛一看，圆圆被我扔到床下去了，我赶紧将它捡起，圆圆的眼睛在黑暗中像两颗明亮的星星，闪闪发光，仿佛在安慰我那怦怦乱跳的心。抱着圆圆，整颗心逐渐安定下来，重又进入梦乡。圆圆是我的好伙伴，它参与了我的整个童年。我又是多么的幸运，能够拥有它。

丁丁与当当

黎　严

我有一只小狗，是爸爸收养的流浪狗，妈妈给它取名——当当。因为我小名叫丁丁，妈妈说："丁丁当当，这下子家里可热闹了。"

小家伙长得十分可爱。它的耳朵总是垂在脑袋上，一副小可怜样。两只眼睛黑溜溜的，像两颗黑宝石，点缀在脸上。"宝石"下面，是黑溜溜的小鼻子，像一颗黑色的葡萄，那颗"葡萄"总是不停地这边闻闻，那边嗅嗅。"葡萄"下面是一张大大的嘴巴，总是伸出粉嫩的小舌头来舔我的手。它全身有着黄褐色的毛，除了耳朵和尾巴上是黑色的。奇怪的是，它的四只脚和尾巴尖却又是白色的，真让我捉摸不透。

小家伙是个贪吃虫。每次它看见自己的狗粮袋，都恨不得扑上去，钻进里面吃个够。若看见家里有人吃东西，它便会飞快地跑到你脚边，挨着你的脚坐下，讨好地摇着它的小尾巴。要是你不理它，它便对着你发出呜呜的撒娇声。你要是还不理它，它便扒着你的腿站起来，用小爪子轻轻拍拍你的腿，好像在说："别一个人独吞呀，我也要吃，我也要吃。"

小家伙很懂规矩。每次爸爸给它喂狗粮，它总是坐那不动，等到爸爸说可以开吃了，它才冲上去，狼吞虎咽起来。至于陌生人给的东西，它是从来不吃的。一次，姐姐来我家玩，看见小家伙可爱，便拿了它平日最爱吃的火腿肠，喂它。它看看火腿肠又看了看爸爸，爸爸说不能吃，它就坐在那里不动。姐姐把火腿肠的外衣剥去，送到它鼻尖时，它只抽动了几下鼻子，转身走了。它可真是个听话的好孩子。

我喜欢这个小家伙，喜欢它的可爱，喜欢它的贪吃，喜欢它的懂事。

我的小伙伴

王玉洁

　　在我的小区里，有一潭湖水，湖水里，有一朵朵的荷花，它们陪伴着我度过了一个个的春夏秋冬，真是我的好伙伴！

　　荷花的外表十分美丽。荷花的花茎是绿色的，虽然看上去十分柔弱，但却能撑起整个荷花。荷花的花瓣是粉色的，衬托着花蕊的开放；花蕊也是粉色的，清雅而高贵，美丽极了。

099

　　美丽的荷花就像一位水中仙子。我不高兴的时候，她在水中美丽地舞蹈，像是在给我驱散烦恼。我高兴的时候，她在水中唱歌，好像是在给我庆祝。

　　荷花陪我走过了一个个春秋，给我驱散烦恼，真是我的好伙伴啊！

我的好朋友

崔羽嫣

外婆养了一只老母鸡，它是我的好朋友。每次我去外婆家都会和它玩。

老母鸡的样子很可爱。它的羽毛是褐色的，比我的手指还长，摸上去软软的。它的眼睛圆溜溜的，像两颗珍珠嵌在脑袋的两旁。而它走起路来昂首挺胸，一副信心满满的样子。更特别的是，它走路时总是伸长着脖子，前后摇摆着它的头，活像一位大舞蹈家在表演新疆舞。

别看它是位舞蹈家，可它吃饭时却远不如舞蹈家优雅。它和我一样，一日三餐。通常，外婆会倒一点儿剩饭到它的餐盘里，或是撒一把稻谷。这时，它可以按心情选择，现在吃或马上吃，不像我没得选。不过大概是跳舞用掉了太多力气，饭一到餐盘里，它就"嗒嗒嗒"地吃了起来，节奏有板有眼。很快，餐盘一扫而光，而这位饿得跟狼似的舞蹈家竟不知足地"咕咕咕"叫了起来，一副还没吃饱的样子。它每天吃这么多，怪不得这么肥。

虽然这位舞蹈家挺肥，但它可比其他舞蹈家灵活。有一次在外婆家，我悄悄地跟在大舞蹈家的后面，企图"绑架"它。可它的视力特别好，无论从哪个角度都能看到我。我加速，它也加速，还一会儿跑一会儿跳，似乎在说："哈哈，抓不到我吧。"后来，我把它赶到了墙角。它往旁边一跳，好像不怕掉到水沟里。可我猜错了，它做出了一个标准的"大鹏展翅"的动作，竟飞了过去！我跑过去继续追。此时，我追的已不是一位舞蹈家了，而是欢乐，是甜蜜，是友谊。我与大舞蹈家构成了一幅温馨的画卷。

大舞蹈家永远是我的好朋友，每次我去外婆家总是最先想到它。

快乐时光

武 罗

夜静下来了，一轮圆月高高地挂在夜空，皎洁的月光洒在大地上，仿佛给大地铺上了一层银白色的薄纱。白天的嘈杂被黑夜的宁静给取代了，可是，短暂的宁静却被一群顽皮的蟋蟀打破了，它们着急地叫着，像是在呼唤同伴玩耍，又像在开音乐会，高高低低，混乱中似乎又有一些规律，就这样形成了一首特别的交响乐。树林里还有闪着光的精灵——萤火虫，它们挥舞着翅膀，在半空中旋转、跳跃，像是体操运动员在单杠上回旋，又像芭蕾舞演员在舞台上翩翩起舞。黑夜中，就连倒挂在山洞里白日做梦的蝙蝠，也纷纷外出觅食，它们有着尖利的牙齿，悄无声息地扑向它的猎物，动作迅猛、凶狠，凡是被它盯上的动物都无法逃脱。

城市里，白天的炎热还没有完全褪去，空气中仍然感觉得到一丝丝的热浪，几乎每个院子门前都有纳凉的人围在一起谈天说地，老人们摇着蒲扇、拉着家常，小孩子就在他们周围追逐嬉戏、打闹玩耍，每个人都各自有各自的快乐与喜悦。广场上，一群群跳舞的人们随着音乐的节奏扭动腰肢，周围高楼上的霓虹灯闪着五颜六色的光芒，蓝色、红色、黄色、绿色、紫色，绚丽多彩，美丽极了。

在这炎热的夏夜，我最爱做的事就是一边吃着冰激凌一边看着电影。可是，这种快乐的时光却常常被妈妈的唠叨打断："别玩太晚了，还是早点儿睡觉吧！"虽然不情愿，但是我也只得听妈妈的话，乖乖地上床睡觉，夏天的夜就是这样快乐又不满足。

我　喜　欢

蔡宇川

我喜欢的有很多，但是我最喜欢夏天的夜晚，美丽而又热闹。站在阳台，昂首望去，天空如同一条幽蓝幽蓝的长河，宁静而又辽远。弯弯的月牙正如一位害羞的仙子在河中沐浴，遮遮掩掩，躲躲藏藏。大大小小的星星，散发着奇异的光芒，它们是仙子遗落在长河里的珍珠和钻石吧。夜空在星星与月亮的映衬下显得更加的广袤无边，月亮和星星在夜空的衬托下显得格外的皎洁璀璨。

远处，一幢幢大厦，仿若连绵起伏的山峦，鳞次栉比，高耸入云。大厦上的霓虹灯，五彩斑斓，绚丽多姿。绚烂的灯光勾画出大厦的轮廓，使大厦显得格外巍峨雄壮。霓虹灯在大厦的陪衬下，显得更加光芒四射。让人不得不感叹："好一幅城市夜景图啊！"

附近的池塘，静悄悄的，平静得像一面银色的镜子，映出了树木斑驳的黑影。远处霓虹灯的光芒，投射在水面上，好像一道道彩虹，又像一座座龙门。整个池塘，看上去就像一幅朦胧而又美丽的水墨画。突然，一只小鱼从水面上跃起，它想学鲤鱼跳龙门吗？小鱼因为池塘而有趣，池塘因有小鱼而增添了一分生机。

　　细听，草丛里可热闹呢！有青蛙"呱呱"的唱歌声，有蟋蟀"哩哩"的节拍声，还有树上鸣蝉"知了"的应和声。各种虫鸣声，交织成了一首动听的乐曲。微风过处，杨树"唰唰，唰唰"作响，它是为这美妙的音乐鼓掌呢！

　　璀璨的星空，斑斓的大厦，平静的池塘，热闹的草丛，不正是一幅浓墨重彩的油画，叫人如何不喜欢！

魅力夏夜

杨韫嘉

　　四个季节里我最喜欢的是夏天，夏天里我最喜欢初夏的夜晚。

　　初夏的夜晚是那样的婀娜多姿。你瞧，月亮有时弯下腰，好像一条弯弯的小船，有时月亮变成一团，好像一个皮球在地上滚来滚去。这是一个婀娜多姿的夜晚！

　　初夏的夜晚是那样的美。天上月亮婆婆和小星星手拉手在跳着舞，好像在给小朋友们看呢。小朋友们见了都迫不及待地想看完这场表演。这是一个富有弹性的夜晚！

初夏的夜晚是那样的静。好像只能听见知了"知了知了"的叫声，青蛙"呱呱呱"的歌声，蚊子"嗡嗡嗡"的振翅声。小草和花朵竖起了耳朵，洗耳恭听地享受这场音乐会。这是一个音声朗朗的夜晚！

初夏的夜晚是那样的香。你在花丛边闻一闻，好像就能闻见花朵散发出的淡淡的香味。吸口气，淡淡的、幽幽的味道扑面而来。这是一个充满清香的夜晚！

童年趣事

欧阳宇轩

夏天的晚上，天黑得很晚。每天吃过晚饭，天色虽然还没有黑，但却有了一层薄薄的灰色。每当这个时候我们就出去集合了。

我每天都会约着两个伙伴去骑自行车。我们骑在红色的小碎石子铺成的弯曲小路上，你追我赶，不分上下，汗水把衣服打湿了。我们都口干舌燥，心里却能感受到夏日闷热中的一丝凉风，我们骑车到欢乐谷外面去买冰淇淋。当看着乳白色上面点缀着小黑点的冰淇淋的时候，还没吃到嘴里，心里已经凉快一半了。轻轻舔上一口，香草味里混合着淡淡的巧克力味，凉得快要把我的舌头冻掉了，心里却快要飞上天了。

吃完了冰淇淋，我们又打起了水仗。我拿着水枪静静地躲在大树后面，看着小伙伴在外面跳来跑去寻找目标，不经意间路过我旁边，我就突然跳出来，指着天上说："看！有飞碟！"趁他往天上看时，我"噗噗"射两枪，然后拔腿就跑，他却立在那儿一动不动，等他反应过来的时候，我已经趁着夜色，跑得无影无踪了。

　　夏天的晚上是多么美妙，叫我怎么能不喜欢呢？

105

心中的地方

有那样一抹色彩

　　她走了，穿着大红色的羽绒服，拿着大红色的玫瑰，又要去问其他人。也许会被拒绝很多次，但总有人会买下她的玫瑰，给予她一抹在寒冬里的温暖。因为有那一抹色彩，使我在寒冷里如此温暖。

幻 之 美

武 杰

夏天的云千变万化，随着时间和天气而变幻。

清晨的云雪白雪白的，在蓝天上缓缓飘动，既像正在演奏着一首优美舒缓的轻音乐，又像蓝色地毯上的一朵朵白棉花，还像在河边喝水的一群群灵巧活泼的小羊羔，也像一只只笨拙慵懒的大熊猫。这样温柔的云随着一阵风吹来，他们又变换了色彩和形状，有的就像公园门口小贩做的棉花糖一样，一丝丝、一团团的，让人恨不得冲上去咬上一口。有的云朵又是一块一块的，方方正正，看上去就是一板美味的白巧克力。这样的云一到了烈日高悬的正午就会消失得无影无踪，仿佛烈日的高温把它们全都融化了一样，不留一丝痕迹。直到傍晚，没有了白天的烈阳，云才胆怯地探出个头，仿佛在害怕烈日再次把它们烤着了。它们穿着华丽的白礼服，好像要去参加宴会一样。可是老天爷不小心打翻了红墨水，倒在了云的白礼服上，一瞬间，云的礼服就变成了朱砂红。在太阳的照映下，红得似火，美得如花，好似剧场里的红绒幕布一样。可是这样的美景只有晴朗的天气才可以看到。一到了雷雨天，它们便不再那样温顺可爱，不再像小羊羔，而是随着狂风不停地在天空中翻滚着，犹如大海的波涛一般汹涌澎湃，又像凶残的恶魔在天空中俯瞰着大地，露出它那狰狞的獠牙，就像要把整个世界吞噬了一般，还不时发出"轰隆隆，轰隆隆"的低号。

这就是夏天的云，千变万化，多姿多彩。

夏天的云

梁广新

你知道夏天的云是什么样的吗？不知道，就跟我来看看吧。

早晨，在湛蓝的天空中，飘着一缕缕轻纱似的薄云，它们各式各样，神态各异，雄姿勃勃，气势非凡。它们像大象喷着"云水"，又像蝴蝶在空中翩翩起舞，还像柔软的、鲜嫩的树叶，能当作蚂蚁的伞。这些大象、蝴蝶、树叶，在天空中你追着我，我追着你，嬉笑打闹，犹如天上的云也创建了一个童话王国。蓝天有这么多的伙伴，怎么会孤独呢？

中午的云是美不胜收的。你瞧，一大片、一大片的云在天上飘舞，有的像温顺的、柔软的小白兔，有的像雄起起气昂昂的大熊，还有的像随时处于戒备状态的、"汪汪汪"叫的小狗。小白兔、大熊、小狗既像在玩捉迷藏，又像在跳跳绳，它们蹦蹦跳跳，它们生机勃勃，它们充满活力，就像时刻在上演着精彩的演出。我看着越高兴，它们就演得越投入，它们演得越投入，我就看着越精彩。

晚上，太阳周围的云变得更红了，仿佛像燃烧的火焰一样耀眼、明亮，仿佛打翻的葡萄酒滴滴洒落、片片醇香，又仿佛七彩的锦缎一般柔软。天快要黑了，红云被黑天吞噬了一大半，剩下的红云组成了一只腾飞的凤凰，在天空中变成了一道独特的风景线。

云，变幻无穷的云，美不胜收的云，神秘莫测的云。

天空调色板

杨昭娣

早晨，我推开窗，就看见橙色和白色相间的云。大块大块的云把太阳遮住了，太阳光从云的边缘透出米，就像画家用一支金色的笔，精心勾画的水粉画，云的周围射出一道道光柱，如梦境一般，又如钢琴家轻快的手把音符从琴键里弹奏出来似的。

中午我在学校，看见了一条又细又长，像白色哈达一样的云。在蓝色的天空中，显得格外耀眼，看着这云，我好像听到了由近而远的轰轰的飞机声。

傍晚的云又不一样了，在橙红色里又混合了一些黄色。我拿着调色盘怎样也调不出这样美的颜色，这让我想起去年和爸爸妈妈在普吉岛的大海上，一边钓鱼，一边看着海面上的晚霞。橙黄色的云朵映在海面上，我已分不清哪里是海，哪里是天。橙黄色的云朵映在每个人的脸上，身上，也映在了我的心里。云千姿百态，有的像棉花糖，有的像四散的冰块，还有的像农家烟囱里轻轻冒出的炊烟。

我爱夏天的云。

白　云

江知白

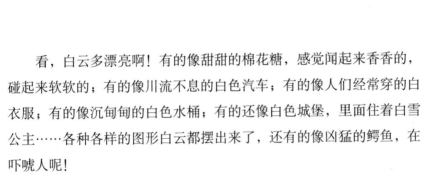

看，白云多漂亮啊！有的像甜甜的棉花糖，感觉闻起来香香的，碰起来软软的；有的像川流不息的白色汽车；有的像人们经常穿的白衣服；有的像沉甸甸的白色水桶；有的还像白色城堡，里面住着白雪公主……各种各样的图形白云都摆出来了，还有的像凶猛的鳄鱼，在吓唬人呢！

看，小孩儿出来了，孩子们看着美丽的白云，还做起了白云的游戏呢。看，树林里的小鸟也出来了，它看见洁白美丽的白云，好像在说："看，多么美丽的白云啊，我一定要叫我的家族一起去天上看看那些白云。"看，白云上面又摆出了一个图形，看着像笑脸，白云们好像在说："欢迎小鸟，欢迎小鸟，欢迎小鸟来到我们这里参观。"

白云还自由自在地在天空中飘着，一个一个飘到小鸟面前，好像就在给它们展示自己的图形呢，小鸟们看着看着，都想去碰了。看，有一个小鸟偷偷地过去了，没碰着，风一吹，白云一下子就散了，散到别的白云旁边变成更美更好的图形。

白云也有缺点，等到它们变成乌云的时候，它们会下起大雨，哗，哗！还会产生雷电，轰，轰，轰！下雨会给那些可爱的小花们、大树、小草补充水，让它们喝饱水，所以我们的白云也是有优点的。

不管怎么说，我们的朋友白云是永远存在的，我们每天都能看到洁白又美丽的白云。每天早上，大家刚从沉睡中睡醒，看到白云飘在天空中，心情不由得美丽又自由！

我 的 家 乡

杨宇川

我的家乡在湖北麻城。

"借问酒家何处有，牧童遥指杏花村。"现在让我来说说我家乡的满是杏花的小村吧。每到开花时节，茂盛的树枝上开满了白色的花朵。从远处看，那满山的杏花，正如翻滚的浪，又如天上的云，还如冬天厚厚的雪。从近处看，有的一两朵开在枝头，好像在眺望远方。有的三五成群聚在树干中段，似乎在窃窃私语。细看之下，有的含苞欲放，小巧玲珑；有的半开半合，欲迎还羞；还有的全开了，娇柔欲滴。微风过处，树枝"唰唰"地响成一片。

我的家乡还有特色小吃。别的不说，就说说米酒吧。家乡的米酒没有四川火锅那么辛辣，也没有广东砂锅粥那么清淡，它的味道是那么的适宜，浓之一分则嫌烈，淡之一分则嫌乏。米酒是用蒸熟的糯米，拌上酒酵发酵而成。米酒可以直接烧开了喝，也可以搭配水果一起炖，还可以和鸡蛋一起煮。然而这些都不是我的最爱。我最喜欢煮米酒的时候，放入一些小汤圆，加上鸡蛋花。煮好以后啊，那小颗小颗的汤圆宛如一粒粒半透明的珍珠，圆溜溜的，亮晶晶的。半透明的

"珍珠"边缘，漂浮着黄色的鸡蛋花和白色的糯米，盛在浅绿色的陶瓷碗里，犹如一张精美的图画，让人舍不得吃，舍不得破坏它的美。闻一闻，那轻柔淡雅的香气沁人心脾，瞬间忘却周身的烦忧，绝不会产生一丝的不快。诗人苏东坡，对米酒这样评价："酸酒如齑汤，甜酒如蜜汁。三年黄州城，饮酒但饮湿。"

我的家乡虽然没有大城市的繁华、喧嚣，但我喜欢它的静谧、朴实。

我爱我的家乡

牛佳佳

我的家乡石家庄，河北的省会，位于河北省中南部。

要说石家庄的历史古迹，西柏坡和赵州桥是驰名中外的。新中国从这里走来的西柏坡，是一个革命圣地，在那间小平房里，仿佛还能看到毛主席和几个将领在研究战事。而赵州桥则是一个奇迹，它经过了多次地震，无数次洪水，都没有把它打垮，桥面一道道的沟沟壑壑，恰似老奶奶脸上的深深的皱纹，有一首歌曲《小放牛》也印证赵州桥的经典的传说。

要说石家庄的美食，藁城的宫面是最出名的。不看不知道，一看吓一跳，它已经有两千多年的加工历史啦，以前是专供宫里的面食，所以起名宫面。宫面是细细的、空心的、久煮不烂的、入口爽滑的。而缸炉烧饼则是石家庄另一特色食品，这个长方形、圆鼓鼓的、色泽金黄的小饼子，不仅有酥脆的外皮，还有清香的芝麻，一口咬下去，"咯吱"一声，酥脆的外皮夹杂清香的芝麻立刻占满了我的口腔。它还有另外一种吃法，把烤好的羊肉串塞进去，那就是一个令人眼馋的烧饼夹肉啦。当然美食还有很多，有雪花梨、大枣等等数不胜数。

要说石家庄的场馆，我最喜欢去的就是科技馆和文学馆啦。对外免费开放的科技馆是一个让人一玩就能玩一整天的地方，机械传球、小球王国、机器人画像、倾斜小屋等等，既可以体验科技的魅力，又让我乐在其中。而省文学馆里，既有古代燕、赵作家名家，又有现代、当代作家的文学经典作品。我从这里知道了，莫言是中国第一个获得诺贝尔文学奖的作家，以后我也要拜读他的经典作品。

我爱我的家乡，我爱石家庄。

114

美味成都

胡伟涛

我的家乡在成都，成都是个万紫千红、景色迷人的地方，有很多美食，其中最著名的就是火锅。

成都火锅有麻辣味、清汤味，还有一半白汤一半麻辣红汤的鸳鸯锅，清汤味的汤洁白如花，麻辣味的汤红得像火，鸳鸯味的像八卦。每种火锅里面的调料又各不同。麻辣味的火锅，辣椒、花椒浮在一层红亮亮的油上面，快要煮开的时候，锅里"咕噜咕噜"冒小泡泡，泡泡越变越大，这时候辣椒围着花椒转，花椒围着辣椒转，像一群群跳舞的小仙子，随着舞步越来越大，辣味、麻味、胡椒味、混合各种香料的香味扑面而来。清汤味的火锅里，绿色的大葱、浅红的番茄、深红的大枣也不甘示弱，在洁白的骨头汤里"咕咕咕"地演奏交响曲，坐在周围的人直咽口水。鸳鸯火锅是特制的锅。一口锅分成两半，一半麻辣味，一半清汤味。喜欢吃辣的和不喜欢吃辣的朋友可以坐在一起享用美食。

这就是我的家乡——成都，一个充满美味的城市。

美丽的黄浦江

崔羽嫣

昨天晚上，爸爸妈妈带我夜游了美丽的黄浦江。

晚上是黄浦江最美的时候。只见波光粼粼的水面上，几艘轮船轻轻划过，留下了一道一道的波痕。"咔嚓"，我举起相机，为一艘大船与东方明珠电视塔合了个影。我一看到我拍出来的照片，就不禁"哈哈哈"地笑出了声来。这张照片很巧妙，因为那艘船的甲板上有一片地方很空，什么东西都没放，而东方明珠电视塔正好在这个位置。看吧，东方明珠电视塔这么漂亮，连轮船都想带走它。对面除了高耸入云的东方明珠电视塔，还有不停变换着颜色的霓虹灯。它们的颜色都很鲜艳，红的、黄的、紫的、绿的……不像天空一样只有黑色。水中倒映的却不是这美景，而是上海的繁华、游客的欢笑，还有上海人民的幸福生活。"咚——咚——"旁边的钟楼像鼓一样敲响

有那样一抹色彩

了，浑厚而严肃。美丽的黄浦江，江边的建筑，还有浑厚的钟声，形成了一道美丽的风景线。

黄浦江是上海最美的一条江，它也不输于其他地方的任何一条江。它永远是我们上海人的骄傲。

万　五

张子璇

也许，谁也不曾想到，"万五"这个伟大的名词，不仅孕育了数万万学子，而且还孕育了一抹别致的风景，牵动着数万学子的心。

课间时分，叫上几个好友在石桥上，或静静地坐着，或背几首古诗词，或看蜻蜓戏水，看云卷云舒。恍惚间，单调的学习生活似乎不再那样枯燥无味，反而，多了一抹亮色，映在每个人的心中。

小花园的曲径最讨人喜欢，虽不至通幽，但绿绿的一层爬山虎，又或浅浅的一潭碧水、几支淡雅的莲花，起码会使你忘却心中的不快，浸入浅浅的梦。雨后天晴，挽手漫步，两个人静静地走过片片青绿，置身于绿中。望着或近或远的绿，仿佛又惹起了心中不近不远的斗志，想似绿一般坚强，一般努力，一般奋斗。

万五，孕育了你，而你却孕了代代学子的心。

我的哥哥

吴 爽

　　我的哥哥，今年十四岁，他瘦瘦高高的，眼睛长长的，像柳叶，眼神专注，好像每时每刻都在思考！看到他的眼神，就猜到他在思考；看到他在思考，就想到了他的眼神。

　　我的哥哥懂得很多知识，天文地理、数理生化，无所不知，是我崇拜的偶像。我们的年龄差五岁，但是我们兴趣相同，无话不说，他是我最好的兄弟！

　　我的哥哥还很爱探险，很爱爬山，好像个探险家。有一次哥哥独自去看一处险峰，差点儿走丢！我当时好着急啊！最终，哥哥还是被景区保安找到了！

　　那天，探险家和我们一家一起去冠豸山登山。冠豸山很绿，苍翠欲滴，冠豸山很陡，崇山峻岭。我们一路上能听到欢快的鸟叫声，和登山者的欢呼声。探险家体力很好，一点儿都不累，爬得很快，总是在队伍的最前面。我们来到一座山峰的岔路，一边提示"山峰陡峭，小心谨慎"，探险家说："我们可以去这边看看吗？"但是大家都不想上去看，因为我们队伍中还有老人和小孩儿！还没等我们决定好，探险家就头也不回地跑掉了！因为探险家太好奇了！太想去了！我大声喊："哥哥快回来！"他还是没听到，我们赶紧跑了过去！连他的影子都没看到！探险家走得太快了，我们不确定他走了哪条道，结果和我们分散了。我们一路的欢声笑语也分散了，我们一路的快乐轻松也分散了。我们走到出口，都没有发现探险家。大家焦急不安，心急如焚，我们赶紧找景区保安帮忙。

景区保安听到后，赶紧派人去寻找！一队到山上去找，看看有没有被猴子抓走；一队到停车场看看，看看会不会自己回去。最终，景区保安在停车场的地方找到了探险家！真是"惊心动魄，有惊无险"！

探险家终于找到了！我们的心终于落了下来，可探险家却骄傲地说："'无限风光在险峰！'山上的风景真美啊！你们没来可真可惜。"看我们生气的样子，探险家不好意思地低下头，说："不过，我下次会注意，不会独自冒险了，让你们担心了。"

这，就是我的探险家哥哥！怎么样？够爱探险，够爱爬山吧！我希望他长大后能成为一位著名的探险家！

118

有那样一抹色彩

张秀文

生活中的很多事，就像海洋里的一朵浪花，短暂出现后就消失不见。

一个寒冬悄然降临，每一次呼吸都伴随着白气，迅速上升。就是在那一片朦胧中，一个红色的小身影出现在我眼前。

白气散尽，我才看清了眼前的事物。

原来是一个身穿大红色羽绒服的小姑娘，那羽绒服显然不是为她买的，比她娇小的身子大太多了，一直垂到膝盖，袖口已经磨破，脸色冻得毫无血色，头发简单地扎个马尾挂在脑后，此时也被风吹得飞舞起来。

"您……要买花吗？"她走到我面前，小心翼翼地问道，声音有些颤抖，也许是被冻的吧。刚想拒绝，这幅场景使我想《卖火柴的小女孩儿》中的情节，拒绝的话深深卡在喉咙里，化为一阵白色随风而去。

重新开口，已成了询问价钱的语句。

她的脸稍稍红润起来，换成了一张满面笑容的表情，尽管她还是被冻得瑟瑟发抖。

付了钱，我的手中多了一支娇艳欲滴的红玫瑰，火红火红的，与她那不合身的羽绒服遥相呼应。我并不知道买下这支花可以用来做什么。对花而言，只是换一个人拿着罢了，可对那个小女孩儿而言，是一顿丰盛的晚餐。

她走了，穿着大红色的羽绒服，拿着大红色的玫瑰，又要去问其他人。也许会被拒绝很多次，但总有人会买下她的玫瑰，给予她一抹在寒冬里的温暖。

因为有那一抹色彩，使我在寒冷里如此温暖。

剥 莲 子

王少杰

今天我知道了工作辛苦，钱也很难赚，因为今天我去剥莲子了。

当我去时哥哥已经剥了一大桶的莲子了，我往四周一看，除了莲蓬还是莲蓬，眼睛里也全是穿了马甲的莲子。莲蓬像我们洗澡用的花洒，莲子就像一个个花洒里面的水宝宝，穿上马甲就是莲蓬啦！我用指甲把莲子外面穿的绿马甲给去掉，露出了绿色的小莲子，它们大约有一枚一角的硬币那么大。然后我再把剥出来的莲子放到一个小脸盆里，发出来"咚咚咚"的声音，就像是水宝宝在跳水一样。剥了一会儿，我的指甲开始痛了，哥哥说我的方法不对，接着他拿起一个莲蓬，在桶的边上刮了几下，把莲子头上的硬壳全刮了，这样就不扎手了。再用手掰，把莲蓬掰碎了之后，从里面把一个个小莲子摘下来就可以了。我也觉得这个方法更轻松了，可是我的手还是生疼生疼的。过了一个多小时后，上午的工作结束了，对我来说这真是一场灾难呀！虽然是灾难，可是只要掌握了轻松的方法就可以离开重灾区。

这天我剥了一盆，只赚了九元，虽然赚的钱不多，但是让我感受到了赚钱的辛苦。干完活，我剥开一个莲子外皮，吃了下去，感觉这个莲子比任何时候吃到的都要甜。

考 后 反 思

柴梦然

试 卷 分 析

今年的第一次考试已经结束，这也是对我们这半个学期中学习成果的一次检验。这次考试的结果不尽如人意，对我来说，也达到了考试成绩的最低谷，必须分析造成这样结果的原因，以便下半学期能够良好学习。

对于语文来说，第一次下八十分，检查试卷发现基础有漏洞，并且许多背会的原诗、原文在考试时又忘了，可见基本功还是不够扎实。小作文扣分较多，有的没有理解题意，有的语言不够精美，所以导致扣了十八分的结果。细节决定成败这一点体现得非常明显，大多数扣分题并不是因为不会，而是因为对细节不重视。还有便是概念的混淆，以及在做倒数第二道大题时，看到题却无从下手。

反 思 检 讨

这次成绩总体还是不理想，明明再仔细一点儿就可以对了的题目也没有在充足的检查时间内检查出来。对于这次考试，我做出深刻反省。

对于语文：在基础的背诵上，在积累的知识、基本阅读文学常识上还没有太掌握；阅读一篇有深意的文章，好像还不太会深入地分析、细致地赏析，所以谈感受或含义的时候仍然生涩。错的题目都是因为失误，没有仔细看题，记忆生疏及笔记不全面，错的都是小问题，从而上不了八十分。还是没有记牢所记的笔记，没有认真复习好相同类型的题。

对于数学：除了不会的题，列方程是弱点。做过的题没有再好好巩固，思路不清晰，根本上还是做题少，不总结错题。错的三个都是曾经提到过的题目，但是仍然不会。具体分析原因，就还是没有错题集，没有好好总结错题，知识点不扎实，理解不到位。

对于英语：首先要背会单词、语法，锻炼听力训练。七选五、填词或之后的阅读是弱项，总会错上二三个。在做题技巧、把握时间和阅读能力方面较差，基本还是对单词句意的理解不行。

对于历史：时间和事件还没有很顺畅地连接起来。对于历史事件之间的比较，谈发展或叙述特点还没有掌握，经常有题答不在要点上，所以成绩无法提升。

对于思想品德：基础的选择、填空中，选择错误太多，一个知识点的误解就会导致选错。分析说明题，首先不会好好读题，没有仔细总结知识点，只是看一句话翻一遍书找一个知识点，从而浪费时间，同时语言组织不太到位。

诚信考试。除了不懂的、笔误的题，就剩下不知道、不确定的知识点而答错。想要提高成绩，还是得全面提高。首先每一个知识点都得学会背会，增加阅读量，多做题并且时刻总结错题，分析错误原因，以防下次再错。题的类型会变，但是知识点不变，还要学会变通，灵活答题。还要记住一定要检查，仔细检查答题时有争议的地方或是不确定的地方，以免丢那种不该丢的分数。调整学习状态，改善学习各科目时的弊端。同时，学会问题，不要不会的仍旧不会，与别人拉开分数。

本次考试虽说不理想，但也吸取到了相应的教训，以后的每一次考试，都应该遵循上述学习做法，对于自己心态及实际行动，我也会慢慢调整。

我不愿长大

贺　菱

成长，一个必须经历的阶段。曾经的我，傻傻地追求长大，而如今，却执着地不想长大。

或许长大要意味着独立。一个人去面对所有事情，不能逃避的责任，让我这颗小小的心脏有些承受不住如此大的重量。想起这些，心不由得慌了起来。

长大意味着坚强、不能放弃的一种意念，在心中有着重要地位。天塌下来，没有父母的支撑，只有自己去面对、去解决、去战胜，想到这一切未知的挑战，久而久之，心中便会多了几分惆怅与不安。这种情感，很复杂，很混乱。因此，我不愿感受这五味杂乱的情感，想想就很痛苦。

或许长大意味着孤单。就像鸟儿那样，长大了，就要离开父母，去很远的地方，磨炼自己，使自己变得更加强大。不舍与思念必在这其中变得愈加强烈。小小的我不想体验这种滋味，这种心痛的滋味。

或许长大意味着承担。其实，现在的我们也在承担着责任，但相比长大后，那我们现在承担的责任真的不算什么。因为在这个大千世界中，我们在长大后要承担太多太多。随着时间的流逝，内心定会因承担太多而产生出一种情感，叫无助，茫然地面对问题，不知该如何是好。我不想体验这种可怕的情感。

生命的四大部分：诞生、成长、繁衍、死亡，缺一不可，长大在其中。也许我不愿长大，但总有一天，我终究会长大。

不愿回忆

侯克显

时光似流水一般流逝，而我们将何去何从？

每个人都有不为人知的往事，他们或喜，或悲。有些人不愿意回忆，他们全心全意地做着今天，向昨天挥手。他们不愿回忆，只是全心全意地欣赏今天的风景，将最初的梦想和一路来的风景忘却。有些人愿意回忆，但真假我们无从知晓。我们唯一确定的是，当他们在说出那段记忆时，他们会收获骄傲与满足。他们愿意回忆，只是因为他们记住了曾经路上的美丽。

同样，还有一类人，纵然他们不愿回忆，当下度过的岁月也毫无价值。他们大肆幻想未来能过上红红火火的日子，幻想着拍电影，成为家喻户晓的明星；幻想着写出传世佳作，流芳千古……有追求固然是好的，不论追求是大的还是小的，但是光说不练，有什么意义！他们不愿回忆，更不愿把握现在，他们只不断地幻想未来的美好，然后一步步走向毁灭。

我也一样不愿回忆，但我不会忘记岁月的史诗。记忆中必定是"彩虹与风雨并存"，那我们为什么只记住一面呢？

有人说时光宝贵，容不得我们把所有都考虑清楚。我只是笑道，一切都是借口，为掩饰自己的虚伪而找的借口。

我不愿回忆，只怪它太美丽和真实。

美丽的小树林

朱　枫

夏天，我经常去的地方——小树林，它在我家乡母亲河的旁边。

小树林，树木茂盛，品种繁多，有高大挺拔的杨树，婀娜多姿的柳树，四季常青的柏树……它们的树干，有的粗如成年人的腰身，有的细如孩童的胳膊。一阵微风吹来，不管树木是粗的还是细的，瞬间都变得活力四射，听，那"哗哗哗"的唱歌声，"啪啪啪"的节拍声，是世间最美妙的旋律。

整个林子最具特色的便是榆树了。榆树枝繁叶茂，他们有的直冲云霄，有的则斜斜地伸向母亲河的上方，似乎在保护水源不受污染。细看之下，粗壮的树干布满了裂纹，如同老人满是皱纹的脸，这是榆树饱经风霜的见证。榆树上的果实成串地垂落下来，像小姑娘的麻花

有那样一抹色彩

辫，一条条地在微风中轻轻舞动。

金灿灿的阳光透过树叶，熙熙攘攘地洒下来，斑斑驳驳，鳞鳞点点。我拿起树枝在地上描绘着阳光的轮廓，它们一会儿是心形的，一会儿是菱形的，一会儿又是圆形的……就像调皮的小精灵，不停地变来变去，我怎么描也描不完。

小树林里静悄悄的，只有那树上的知了在不知疲倦地喊着"热啊，热啊"。偶尔也会看到几个调皮的男生冲进树林追逐打闹，一会儿又跑远了，他们银铃般的笑声，一划而过。细听，远处传来一阵阵笛声，轻灵而又绵长。各种声响交织成一首动人心弦的乐曲，那是对小树林的热爱，对夏天的赞美。

小树林旁边是家乡的母亲河，它似一条银白色的绸带，一直飘向远方。阳光下，河面波光鳞鳞，熠熠生辉。河水清可见底，底下黄灿灿的沙子、圆溜溜的鹅卵石，尽收眼底。母亲河是伟大的，它孕育着家乡的一草一木，一人一物。母亲河是寂静沉默的，不！它是无声胜有声，它流出了自己不屈不挠的精神，流出了对家乡人民的贡献。流啊流啊，一直流进了我的心里。

树林，阳光，蝉鸣，母亲河，皆是我心中永恒的风景。

那一抹醉人的绿

邓振廷

夏日炎炎，人们早已热得不是个样子了，伴随着他们的是烦躁的

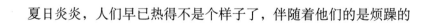

脾气，但是有一抹色彩却伫立在那里，那就是活力无限的绿。

　　酷爱植物的妈妈，在家中养了七八盆绿色植物。起初，我只是认为它可以净化空气，但现在看来似乎不光是这样。

　　因为它还可以启迪心灵、净化心灵。在酷暑难耐的夏季，人们在家托着那沉重的身子，缓慢移动，仿佛懒散吞噬了他们。偶然间的一个不经意，抬头看见了那一抹绿，那一抹带有无限意味的绿。那时，夏日的酷暑好似被绿的威力震慑住了。

　　那一抹绿好似一棵大树，一片森林，为我在炎热的夏日遮蔽阳光，抵挡酷暑，休闲纳凉；那一抹绿好似一位长者，教导着我要静心思考，沉稳做事；那一抹绿好似一股清凉，滤过心田，冲走污垢。

　　从此，那一抹绿在我的生活中便有着不可缺少的地位。闲暇时，看一看它，就仿佛找到了生命的真谛；不安时，瞧一瞧它，就仿佛心情得以平复；迷茫时，望一望它，它便会给你心中最纯的想法。

　　或许，那一抹绿色在他人眼中，只是一抹单纯的色彩，但在我眼中、心中，它早已不是单纯，而是经升华后的思想精神，渐渐地成为我的信仰。

别 样 的 美

张　俊

　　夏天的夜晚，我坐在门前纳凉。

　　抬头仰望天空，只见天空就像干净的海面，湛蓝，纯洁。月亮就像玉盘，它周围的星星就像镶嵌在空中的一颗颗美丽珍珠，闪着光，好像顽皮的孩子眨着眼睛。皎洁的月光，从厚厚的云层里钻出来，把万物照得发亮。小草微微地低下头，好像沉睡在甜蜜的梦乡里，只有蛐蛐儿在扯着脖子鸣叫。有几只萤火虫飞进院子里，飞到我的面前。它们发出的光点缀着漆黑漫长的夜，特别好看，如同天上的繁星，那么明亮，那么美丽。

农村的夏夜是宁静的，四周寂寥无声，也只有这个时候，才可以去感受农村夏夜的美，领悟一番别样的滋味。

美丽的朝霞

唐子茸

128

美丽的朝霞，就像少女彩色的纱裙，把天空装扮得如此奇妙！看朝霞是一件有趣的事。清晨，我打开窗户，抬头望着天空的朝霞，观察它的奇妙变化，你看，它把白云变成火烧云的样子。把屋顶照红了，把小猪照金了，也照得老爷爷的胡子变白了，惹得老爷爷"咯咯咯"地笑了。

它又变成孙悟空大闹天宫的样子，正要吃桃子的孙悟空却不见了，周围的桃树和桃子也随之不见了，一阵风拂过，一股温暖的气息钻进我的身体，真是舒服极了！不一会儿朝霞把太阳用手托出来了，我伸出手，朝霞的光温柔地射在我的手心里，暖暖的，就像在妈妈怀抱里一样温暖。

此时，太阳的光芒把它衬托得更加美丽了，朝霞摆动着优美的舞姿，在天空中飘荡。我低头望去，地上的小草也被照得金灿灿的，就连看朝霞的我也被照得脸上挂满了暖洋洋的笑容。

朝霞照出的不仅是笑容，也照出了我的喜悦，照出了新一天的开始，照出了妈妈对我的期望，照出了我的开心和发自内心的高兴，还照出了精彩的人生。

好　地　方

赵　锋

"我的家乡在新疆，新疆是个好地方……"随着这首歌，让我向大家介绍一下我们美丽的家乡——新疆。

新疆风景优美，景色宜人，瓜果飘香，那晶莹剔透的葡萄，香香甜甜的哈密瓜，酸中带甜的草莓，火红的石榴，库尔勒的香梨，和田的大枣等，让人一想就流口水。我最喜欢的是哈密瓜，它那淡绿色外皮上包裹着一层网，像是从蜘蛛小姐那儿借的一件外衣，还散发出浓浓的香味，摸上去有许多凹凸不平的线条和花纹，又像是从空中飞来的一只鸟蛋，显得更加神秘。切开哈密瓜时一股清香扑面而来，杏色的瓜肉呈现在你面前，馋得你直流口水。你若是咬上一口，哈密瓜的汁就顺着你的嘴角流出来，那种又香又甜的味道沁入你的心脾，使你回味无穷。当你看着这些水果，你就会感觉它们在开会，个个你争我抢，各有姿态地讨论着谁先进入主人嘴巴，让人吃得赞不绝口！

有那样一抹色彩

新疆的美食也非常出名，而且种类多，很丰盛。有烤包子、烤羊肉串、馕、抓饭、拌面、大盘鸡等，我最喜欢的是烤羊肉串。烤羊肉串的外形很像冰糖葫芦，这样的烤肉串通过炭火烤制散发出浓烈的肉香味，你若是轻轻地咬一口，烤羊肉串里的油就会沾满你的嘴唇，很有嚼劲，你会越吃越香，根本停不下来。这么多的美食汇聚在一起真是让人大饱口福。羊肉串的香、馕的脆、拌面的滑、大盘鸡的辣都会让我的食欲大增，真想一口气把所有的美食都尝个遍。

经过我的介绍，你一定迫不及待了吧，那就来我的家乡新疆玩玩吧，新疆人民欢迎您！

悠闲夏夜

张 彤

夏天的夜晚，我站在窗边，一阵微风拂过，赶走了夏日的炎热，漆黑的天空中挂着一轮明月，月亮是坐着小船来的，在天空中自由地滑行。银白色小星星调皮地眨着一双明亮的大眼睛，好像在诉说什么。

夜晚，我走在乡间的小道上，听见了各种各样昆虫的鸣叫，形成了一首夜晚交响曲。你看，穿着黑色西服的甲壳虫先生和身披绿衣服的螳螂小姐"吱吱吱吱"展现出了自己的歌喉；萤火虫提着灯笼穿梭在它们中间，为音乐会增添了几分色彩；有着男高音歌唱家称号的蛐蛐儿先生也高歌一曲，它一开喉就震慑了全场，那声音如雷贯耳，十分动听，并且盖住了其他昆虫的声音。此时，昆虫们都为它们欢呼、鼓掌，热闹极了！

于我而言，夏天的夜晚是悠闲、热闹、快活的！

神奇的云

赵丽娜

午饭后，我躺在阳台的沙发上望着天空的云彩，它那么美丽，那么神奇……

记忆当中的云是那么快活，躺在温暖的草地上，抬头望着天空的云彩，想起中秋的传说。看，那是嫦娥姐姐带着玉兔在为过中秋节的人们做月饼呢！再看那片云彩，是七位仙子提着花篮也来为中秋节庆祝，并向人间洒下了美丽的鲜花。此时，月亮也更加自信了，平时坐着小船，今天却像个大圆盘，更加明亮了。我们吃着嫦娥姐姐做的月饼，借着月光欣赏着七仙女的鲜花，心里愉快极了。

于我而言，云，像一座房子，而且不时地变换着形状，不一会儿就变成了王宫，让我想象成为公主，穿着华丽的衣裳，站在王宫的花园里，跳着优美的舞，花园里五颜六色的鲜花随着微风的拂动都在为我频频点头呢，我快乐无比，就这样一直想下去……当我回过神时，这片云却也看不见了。

在我心里，云很神奇！时常变换着自己的形状，穿着不同的服装出场，生气的时候就穿着黑灰色的衣服，把整个天空都变得灰蒙蒙的，高兴的时候就穿着白色的裙子在天空中炫耀，就连太阳公公也跟着出来比美，地上的花花草草露出了笑脸，我的心情也高兴了起来。

云真是一幅美丽而又神奇的画。

夏 之 夜

吴 婕

当天边抹去最后一片红红的晚霞后，夜晚就要来临了。

这时天色渐渐由蓝色变成深蓝色，天空中会不时冒出小白点来，一会儿西边出来一个，一会儿东边又出来一个。天色越暗，白点越多，就像是广场上聚会的人群一样，不大一会儿工夫就满天亮晶晶。马路两边的路灯也不逊色，像在和天空比试一样，不一会儿一排排亮闪闪的钻石摆在人们的面前。

夜晚有星光和灯光的点缀，显得一点儿也不可怕，反而热闹起来。在空调房里待了一天的人们，会陆陆续续地从家里走出来，来到湖边散步，湖边的人越集越多，比湖边的蚊子还要多。这时蚊子的"嗡嗡"声会被"啪啪啪"的拍打声替代。隔三岔五还会传来大人的"嘎嘎嘎"的欢笑声和孩子"哦哦哦"的欢呼声。湖边的青蛙在这种氛围里喜欢三五成群、拉帮结派地开派对，"呱呱呱，呱呱呱……"一阵比一阵高。草丛里也不安静，不时发出各种不同的虫鸣。

真是热闹极了！我喜欢夏天的夜晚。

我的理解

　　囊萤、映雪、悬梁、刺股的故事，都无不在向我们诠释着坚持不懈地努力、拼搏，将锻造出的成功打磨得耀眼。同时，那些只会说空话、虚话、假话且从不在意行动的人，是几乎很难获得成功的。正是因为他们的懒惰，促使他们不断远离成功。

成　　功

张　瑶

　　成功是指人做到了自己梦寐以求的事情，但要想实现，那所需求的条件又是什么呢？

　　我认为不懈行动将会是获得成功的必要条件之一。囊萤、映雪、悬梁、刺股的故事，都无不在向我们诠释着坚持不懈地努力、拼搏，将锻造出的成功打磨得耀眼。同时，那些只会说空话、虚话、假话且从不重视行动的人，是几乎很难获得成功的。俗话说"光说不练假把式"，正是因为他们的懒惰，促使他们不断远离成功。或许他们早已被那吃人的虚假蒙蔽了双眼，侵蚀了内心，纵使他们获得成功，那必定也只是短暂的荣耀，不会长久，因为他们没有领会到行动的真谛。

　　在不懈行动的基础之上，再汇入百分之五十的坚定理想，那么你便会到达成功彼岸，迈向人生的巅峰。

　　你可想想，倘若在成功之路中，迷失了方向，失去了自我，那便会像无头苍蝇一般，到处碰壁。即使飞得再快，也只是劳而无获，那么这时的坚定理想就将是那干涸沙漠中的一片绿洲，黑暗海面上的一座灯塔。因此，它在成功之路上处于至关重要的位置。德摩斯梯尼天生口吃，嗓音微弱，可他凭借他那坚定的理想，将小石子含在嘴里朗读，为的只是心中坚定不移的理想。最终，他不出意外地获得了成功，成为希腊最有名的演讲家。

不懈行动+坚定理想=成功！让我们向着梦想、向着成功的彼岸出发吧！

学习贵在真

赵 瑞

学习，作为走向成功的必要因素，它是那么重要。

在漫漫人生路上，学习就如一个婴儿般成长，慢慢地成熟，最终获得独立与成功。它在这每一个阶段里，都有着一个信念：踏实。

没错，要想学得好，必先踏实学。因为一次次的学习，都将会成为你人生路上明亮的灯塔。

刚上学的我，以为有无尽的时间会等着我，任我摆布它们。学习，在那时也变得那般无用，仿佛每一天都是为了任务而学习，而上课的教室也成了我半个娱乐场所。然而，时光在不停地流逝着，在我的学习进程中刻下"悔"字。如今，升入高年级的我，也似乎慢慢懂得了、悟出了学习的真谛：踏实，由曾经的不时开小差到如今的聚精会神，由曾经的忽视学业到如今的重视学业，我开始在课堂上认真听讲、与老师互动，我学会了课后仔细地完成作业，我也做到了课前短暂地预习。尽管刚刚经历了悲惨的期中考试，但我相信这样学下去，成功就在不远处。

就如数学，起初，我并不是很适应这门奇怪的学科，但我却在这门奇怪的学科中摸索出了"奇妙"的方法：上课认真听讲，脑中不停思考，课后独立完成作业，随时做到不懂就问。就这样，我一直努力着、奋斗着，果不其然地在考试中取得一次又一次进步。我想，此奇妙非彼奇妙，而是踏实努力。

踏实，你虽不能做到百分之百，但你却可以竭尽全力地实践踏实，朝着一个坚定的信念，踏实地拼搏与努力，这样，成功才会离你愈来愈近。

学习贵于真，望我们都拥有这个真，去驶向成功的彼岸。踏实学习，将演绎别样的角色。在人生之路，望我们都因它而到达梦想的远方。

友谊贵在真

李娜娜

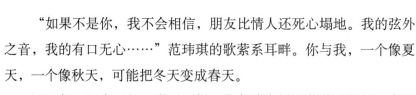

"如果不是你，我不会相信，朋友比情人还死心塌地。我的弦外之音，我的有口无心……"范玮琪的歌萦系耳畔。你与我，一个像夏天，一个像秋天，可能把冬天变成春天。

那一年，阳光正好，微风不燥，你与我在树下荡秋千相识，在那个甜蜜纯真的年代，怀着一颗憧憬未来的纯真童心，在人海之中相遇相识。我们一起，曾在家乡那棵古老的槐树下，抚摸那岁月在枝干上留下的沧桑痕迹；也曾偷偷爬上屋檐，一起仰望星空，幻想着嫦娥的舞影翩跹，牛郎织女的鹊桥相会；曾坐在小溪边，看沉鳞竞跃，嗅芳草清香。那时的你与我，有世上最真最美的童真。

　　渐渐长大的我们，都慢慢蜕下了那层幼稚的外皮，开始理性，开始变得实际。我们之间，少了阳光下的游戏，少了旋转木马上的欢笑，少了携手狂奔的肆意。离别总是伴随着相遇而来，像是既定的命运，每个人都逃不过一场场离别。生活中，你的身影似已消逝无踪，却又无处不在，到处是你遗留下的痕迹，让我能在闲暇之时，回顾往昔的点点滴滴，重温旧年的温馨。

　　空气中仍残留着你掌心的温度，一如既往的温暖。曾一起度过的流年，化为一缕芬芳，沁人心脾。我意识到，你们在我身边相伴，从未走远。我相信，离别，是为了下一次重逢。

　　时光总在不经意间从指尖流逝，似已习惯了这离别的岁月。海上生明月，天涯共此时，即使如今的我们已天各一方，但那深深羁绊却无法被斩断。从远方而来的书信，饱含你淡淡的关怀与思念，使我能在蓝天布满阴霾时，静候天光破云；你充满鼓励的话语，让我能在泥泞里重新站起，一路披荆斩棘；你清秀的笔迹，能让我在孤寂时感到来自你的温暖。你说，你要来看看我，你可知我脸上已笑开了花。我知道，陌上花开，归期将至。

　　到如今，纵使相隔万里，幸得有你的陪伴，造就未来坚强幸福的我。你与我之间，那谊，亦真亦美；那情，亦深亦浓。

成　功

曾芳芳

　　"成"是"功"的积累，"功"是"成"的基础，只有牢固的基石加上长年累月的积累，才能铸就成功。就如"水滴石穿非一日之功"的道理一样，只有不断努力、不断坚持，才可击穿这样的顽石。生活也是一样的，只有不断地积累生活经验，汲取生活中的教训，我们才会活得更精彩。

　　古代著名的王羲之，自幼刻苦练习书法，每次练完字就去池边洗毛笔，最终，池中的水变黑，王羲之终成一代著名书法家。王羲之幼时不断为书法打下坚实的基础，从而成为古时著名的书法家，千古流传。

　　成功其实很简单，成功的面前总有一座座高峰。我们只要勇于攀登高峰，不要退缩，克服困难，一座座高峰会使你眼界开阔，受益匪浅。之后，你将发现，成功距你只有一步之遥。当然，成功的路上遍布荆棘，每一个障碍都要毫不犹豫地跨过；每一次跌倒，都要坚强地站起来；每一次失去方向，都要努力地寻找黑暗中的那丝光芒……

　　成功，就要有失败、挫折，就像培根所说："失败是成功之母。"伟大的发明家爱迪生的一生，完美地诠释了这句话。他对电灯方面的研究，使人类开辟了一个新的里程碑。1879年，爱迪生点亮了第一盏灯泡。为了延长灯泡的使用价值，他经过多年努力，试验了六千多种材料，终于将电灯的寿命延长至一千多个小时，让我们深受其益。我们应该好好想一想，如果他没有长年累月的积累和克服困难的勇气，是否有他当时的成功和我们今天舒适的生活呢？

所以，成功其实并不难。只要有坚实的基础与长年累月的积累，加上敢于克服困难的勇气，不断地积累与总结失败教训，我相信每个人都能成功。要知道，没有永恒的失败。

我喜欢的季节

崔羽嫣

一年四季中，我最喜欢的是夏天。

夏天热闹极了。白天，火辣辣的太阳烤着大地，似乎能把人烤焦。因此，皎洁的月亮和满天的繁星更吸引人。太阳公公一下山，人们便纷纷从屋子里走了出来。有的在乘凉；有的趁晚上出来运动运动，舒展一下筋骨；还有的小朋友，忙着捉迷藏，玩得好不开心。知了也来凑热闹，"知了、知了"不停地叫着，仿佛在给夏之夜伴奏。

与其他季节不一样的是，夏天有时会有一场说来就来的雨。有时候下的是小雨点。雨点"滴答、滴答"地落在地上、雨伞上、玻璃窗上，像一首优美的小提琴曲。而我就喜欢隔着玻璃窗看雨。透明的雨点落在窗户上，宛如一根根针，却又比针更细、更长。有时候下的是狂风暴雨。下雨前，天空似乎还需要酝酿一下情绪。这时，一道闪电在不远处划过，快得让你看不清它是亮黄色还是暗黄色。一阵"轰隆"声随之而来。等天空摆好了架势，只听"唰"的一声，大雨倾盆而下。豆大的雨点在地上溅起了无数个泡泡。这雨来得快，去得也快。十几分钟后，天空又恢复了以往的平静。

听完我的介绍，你也喜欢上夏天了吗？

云 儿 洁 白

张　炫

抬头仰望天空，不必说火红的太阳，不必说满天的繁星，不必说弯弯的月亮，单说那朵朵白云，就有数不尽的故事在我心头升起。

依稀记得在我幼儿园时，没有作业，而我当时最大的爱好就是看云。躺在草地上，用手枕着头，便能以最舒适的方式看云了。只见朵朵白云慢悠悠地飘着，不像飞机急匆匆的，也不像太阳一动不动。这时的云像极了棉花糖，我真想放到舌尖细细品味，那一定比棉花糖更甜，却又甜而不腻。

吃过晚饭，夕阳西下。太阳把白云染成了各种颜色，红色、黄色、紫色、橙色……只可惜没有蓝色、绿色这类的颜色。我不禁在脑海中畅想：如果有绿色的云，会是怎样的呢？它绝对不会逊于冰川上的极光。如果是蓝色的呢？会不会与蓝天融为一体，看不出哪儿是天，哪儿是云了呢？

有一次，两三秒前还阳光明媚，可一眨眼，便乌云密布，天空摆出了要下暴雨的架势。大家都拼命往家里跑去，唯独我慢吞吞的，三步一抬头，欣赏着天空中的云朵。瞧！那边，是天空在模仿齐白石大师画的竹子，这边是我家小区里的高楼，还有旁边那个，是外婆家的老母鸡正对着我"咕咕咕"地叫着。竹子、高楼、老母鸡，构成了一幅大师级别的水墨画。

每次我看云，都能想到许多有名的诗句。比如李白的"众鸟高尽，孤云独去闲"，比如贾岛的"只在此山中，云深不知处"，比如杜牧的"远上寒山石径斜，白云深处有人家"。还有很多很多，我无法一一列举。

抬头仰望，天儿蔚蓝，云儿洁白。

迷人的深秋

冯翔宇

叶子黄了，渐渐落了下来，好似上千只蝴蝶翩翩起舞。秋天，虽然不像百花盛开的春天那样有生气，也不像绿树成荫的夏天处处充满生机，但它却以诱人的金黄的果实，吸引着人们。秋天是迷人的。

清晨，空气是清新的，天空是迷离的。太阳早已当空照下，让我们感觉很温暖。她的万道金光亲吻着我的面颊，那么温柔，那么真挚，就像是一位慈爱的祖母抚着她的孙儿们。

在天高气爽的秋季中，小枣红了，葡萄熟了，高粱的腰也弯了……有时候，秋风把白杨树上的叶子带走，像一个个美丽的姑娘在那里翩翩起舞，无数叶子在空中飘荡，使人流连其中，无法自拔。

每日，朝阳升起，把秋天照得异常明亮。由秋收的果实点缀的田野，绚丽多彩，风吹动树叶沙沙作响。一片片树叶，随风悠悠荡荡地飘落，它在生命的最后旅程中，给这个世界留下了美好的印象。

深秋，草坪上的草像一张金黄色的地毯铺在地上，树上枯黄的叶子飘落在草坪，飘荡在池糖中，只有松树依然高大挺拔，叶子仍然郁郁葱葱。花坛里的一串红像正在燃烧的火焰，一朵朵白菊花像用象牙雕刻成的绒球，在一串红的映衬下傲然挺立，美极了！

我认为没有任何季节比秋季更迷人，我爱迷人的深秋。

美丽的夜

李　嘉

看，夏日多美好啊！那些可爱的花儿们还盛开着呢！它们盛开着一直没有闭上，好像在说："看！夏天的夜晚多美好啊，我都舍不得睡觉了。我就想看着这样的夜晚，如果看不够，我就不睡。"

一些孩子们出来散步，还有一些小孩儿在玩，他们玩得可开心了！他们给夏日的美景带来许多活力。大人们也出来了，吃完晚饭后他们在聊天。还有一些大人和孩子坐在树荫底下乘着凉，看着外面的夜景，好像在说："看，夏天的夜景多美好啊！我们一定要把它拍下来，而且要拍好几张呢。"渐渐的，人们也带着他们的宠物出来了，有一些小狗、小鹦鹉、小鸟也出来了，它们看着这美丽的夜晚，好像在说：“多么美的夜晚啊，我都舍不得跟主人回去了！我认为这美丽的夜晚才是我的主人呢！”

川流不息的汽车也忙着，汽车好像在说：“多么美的夜晚啊，我一定要带着我的主人逛完所有的夜景。”那些五光十色的霓虹灯，它们绚丽多彩，闪烁着耀眼的光芒。还有天空中的星星闪烁着兴奋的光芒，它们也好像在说：“多么美的夏日啊！我可不想到白天，白天，太阳的光线就遮住我们了，我们就不会看到美丽的夜晚了，我们一定要记住这个夜晚。”虽然这个夜晚很美好，但是一些烦人的苍蝇、蚊子嗡来嗡去，但我们有各种各样的东西来对付它们，所以夏日的夜晚仍然是特别美的。饭店里人们都准备收工了，比如理发师，他们赶快给人们理完头发准备收工。饭店里的人也赶快炒完菜，收完钱，准备打包走。还有那些卖东西的，街头卖艺的，都时刻准备着“打烊”。当人们的灯快熄灭的时候，还有一些人会醒着，看着那些闪烁的星星，观赏着这美丽的夜晚。这么美丽的夜晚，我们绝对不会忘记的。所以，这就是我们的夜晚，美不美呀？！

143

真诚可贵

张胜佳

每个人应该具有很多良好的品质，而真诚就是其中之一。真诚是一种良好的品质，无论我们做人或者做事，都应该拥有一颗真诚的心。做买卖时要真诚，生意才会越来越旺；交朋友时要真诚，敞开心扉与他人相处，朋友就会越来越多，有困难时朋友也乐意帮助。

之前，某市发生了一件事情。当地一家公司为了获取更多利益，在酒中掺水过多被人举报，随后这家公司的名声一落千丈。不久之后，公司倒闭了。我想，如果这家公司的老板不为了那些利益的话，结果就会与之前大不一样。有时，真诚只在我们的一念之间，只要我们抓住它，抵御外在因素的影响，那么有可能我们会发生天翻地覆的变化。

另外一件事。一个街边的小饭馆，每到中午时，饭馆里人山人海，没有一个空余座位，门外还有人在排队，耐心地等候着。经过询问后我得知，这个饭馆的老板，每样饭菜都给足了量，并且从来不从中作假。因为这个老板为人真诚，创出了好的名声，赢得了许多顾客的信赖，致使他的饭馆火爆，收益蒸蒸日上。

真诚是每一个人都应该具备的品质之一，它是一个人为人处事的准则。无论是什么样的人，做了什么样的事，都贵在一个"真"字，真心，真诚，真情……

文　明

吉希跃

我认为文明与一个国家或社会的发展密切相关。在现实社会中，有许多不文明现象，例如随地乱扔垃圾、随地吐痰、不文明用语和行为，对我们的社会发展是不利的。

那么怎样我们才能成为文明的人呢？例如，把垃圾扔进垃圾桶中，随身携带卫生纸，劝诫人少做不文明的事。

文明是一面映照民族和国家的镜子，这个美好印象需要我们共同守护。

我不愿放弃

郑宇航

人生的道路上坎坷太多。是呀，如果没有了这些磨难，也不会体现出我们的生存意义——拼搏与坚持。

从七岁到现在，已经过去五年多了。时光如梭，岁月荏苒，时光慢慢地消逝了我许多记忆。但是那一件事，我还是铭记于心，一直没有忘却。那是十岁的一天下午，看到一位比我还小的弟弟骑着车在马路上转，我心中一阵痒痒，于是马上回到家告诉妈妈我想学骑车。妈妈从院子里帮我推出一辆老式自行车，把我带到了一片空地上，给我演示了几遍便离开了。我满心激动地扶起自行车，手紧握车把，两脚叉开，右脚踩着脚踏，左脚着地。一切准备就绪，我两手轻轻往前推，左脚腾空，右脚慌忙地蹬起来。可是我竟蹬空了，一下子连人带车重重地摔在地上。

我强忍着疼再次扶起车子，和上次一样操作起来，右脚终于踏上了车子。不知怎么了，刚蹬了一下子，我又摔了下来，幸亏我这一次反应快，马上用脚撑住，才让我免受一些皮肉之苦。这样又持续了几次，我慢慢掌握了技巧，不是一上车就摔了，慢慢地可以直行了。此时我内心无比自信，就有点儿膨胀了，想把拐弯也一口气在没有人教的情况下学会。我上了车，慢慢地直行，渐渐加速，到了巷子尽头，我猛地一转车把，"咚"的一声，重重摔在地上，身上好几处受伤。我扔下车子，哭着跑回了家，妈妈走了过来，说："儿子，是不是不太顺利呢？"我哭着回答妈妈："妈妈，我不学了，我学不会。"

这时，妈妈突然严肃起来，对我说："儿子，在以后的生活中，会有许多挫折和困难，但是我们要学会战胜，而不是逃避。儿子，妈妈相信你是最棒的，加油！"我听了妈妈的话，又鼓起勇气回到了那里，我再一次扶起车把，这一次我放慢了车速，到了该拐弯的地方，我拐弯了，但还是摔倒了。我没有灰心，一次又一次地尝试，最后，我终于成功了。我高兴地骑车慢慢回到了家，妈妈欣慰地笑了。

从此以后，我不管遇到什么困难、挫折，都会勇敢地面对它们。来吧，困难，尽管你有那么巨大，我都会勇往直前，因为我不愿放弃。

146

细节决定文明程度

张怡悦

罗斯金曾经说过："文明就是要造就有修养的人。"文明是一个国家发展的根本，做文明人是我们每个人身上义不容辞的责任和义务。虽然，文明距离我们很近很近，但想要做好却要注重更多细节。

周总理在这方面就为我们起了很好的表率作用。他礼仪整洁，举止文明，态度优雅，谦恭有礼。当服务员给他端茶时，他常常起身双手接过去，并微笑点头表示感谢。每当外出视察时，每到一处，他总要和服务员、厨师、接待人员一一握手，并亲切地道谢。当会见外宾结束时，他总会把客人送到大门外，直到客人走远才会离开。"所有见过他的人，都认为他有一种独特的魅力，精明智慧、人品高尚且平易近人。"这是外国记者对周总理的高度评价。

让我们完善生活中的点点滴滴的细节，做文明的传承者。

迷人的夜

刘晓昱

"宁静的夏天，天空中繁星点点……"这一首歌把我心中的夜真真切切地唱了出来。夏天的夜晚在我看来，有一种与众不同的韵味。

晚风习习，行走了一天的太阳，终是挨近了西面的大地，却显得更大、更圆、更红。

太阳刚刚钻进地平线，西边天上就聚起一大片红色的霞，红得迷人。当霞光消失的时候，星星便捷足先登了，在天空中放射出璀璨夺目的光芒。

夜色渐渐浓了，星星越来越多。满天星斗把自身点点光亮交织在一起，虽没有太阳那么明媚，也不像月光那么清澈，但也是明亮的，仿佛照进了人们的心。像用细碎的流沙铺成的银河，斜躺在苍穹中，那么长，那么宽，似乎能听到哗哗的流水声。它在和那银河两岸的星星眨着眼，与地上的灯光遥相辉映，别有一番情趣。

月亮上来了，是一弯弦月。她清亮而温柔，极像一位姗姗来迟的仙女。月亮一露面，就把满天的星星惊散了。月亮像一只弯弯的小舟，泊在夜空中；月亮又像一只香蕉，搁置在天空的盘里，惹着地上的小孩儿张开嘴，盯着不放。银光洒满了小院、村庄、城镇、大地，宛若进入银色的世界。

啊！初夏的夜，静谧安逸！那份与众不同的韵味让我陶醉。

夜 来 香

张宛霞

有那样一抹色彩，扮靓我的人生。那是一抹紫色，淡淡的紫，衬着少许绿叶，散发着阵阵幽香。它，开了。

也不知哪一天，爸爸竟给我带来一颗极美的紫。那是夜来香，即使只是一颗种子。后来，它默默地开了花。可我总是看不到它盛开，因为每次开花都是在我睡了之后。

今夜，我刚刚躺下，突然闻到了阵阵花香。这是什么味呢？我闻了闻，起身望向窗外，皎洁的月光洒向了那一抹紫色。微风吹拂，它轻摇着身子，好像在向我点头致意。那淡紫色的花瓣，宛若仙女的裙摆。我穿好衣服走到那紫色之前，静静地等待着它发香。不一会儿，那一抹紫色便露出了一张和煦的笑脸，接着又打开了几个大花苞，散发出沁人心脾的独特清香。此时，只要你打开心灵，就能够感受到这一种清香的独一无二。这淡紫色的清香，不像玫瑰花那么浓，也不像月季花那么平淡，这淡紫色的香有几分浪漫，有几分欢乐的奔放，还有一种高贵的气质。在微风的吹拂下，夜来香的曼妙飘在风中，使人心旷神怡。

这一抹紫色，意味着什么呢？意味着这一抹紫色是无私的，是默默无闻的。一抹紫色，开在别人熟睡的时候，极力散发着清香，而到早上的时候就凋谢了。这淡淡的紫色，不正像老师们的品格一样？他们总是备课到很晚，为学生付出，却不会向我们索取什么。

小小的夜来香，淡淡的紫色，伴随着我慢慢成长。

绽　　放

刘菁华

每一个生命都是不平凡的，每一项运动也是绚丽多彩的。

太原马拉松大赛拉开帷幕，全民运动，全民参与，在阳光下踏上马拉松的征程。全长几十公里，挥洒着汗水，体会着快乐，毫无懈怠，一步一个脚印地朝着终点跑去。人山人海，人影攒聚，只为心中那股不屈的信念，尽力去绽放生命的光彩。坚持不懈，勇往直前，一颗颗汗珠从面颊滑落，一个个石子从鞋旁擦过，脑海中凝固着一股信念，朝着终点缓缓奔去。

比赛落幕，多少人为之洒尽汗水。斜阳映衬的颁奖台，昏黄的阳光代表着一种特殊的荣誉。颁奖台上的众人，都是付出了才得到回报。漫漫马拉松路，他们究竟挥洒了多少汗水与顽强的意志，我想，只有他们自己清楚。

人的一生是短暂的，是不平凡的，但却不一定是精彩的。将生命绽放出精彩的方式有许多种，运动只是沧海一粟罢了。而运动却能直接展现出生命的精彩，毕竟有一句话说："生命在于运动。"生命不息，运动不止。我们要在有限的时间里，将生命绽放出无限的光辉。马拉松大赛将一个人的意志与信念充分展现，漫长的路程，只有寥寥几人跑完全程，其余的人都半途而废，坚持与放弃，就在一念之间。

生命在于运动，运动可以更好地使生命绽放出光辉，绽放出属于它的精彩。

150

动 与 静

芸 菲

夏夜很美，它的静态美和动态美，深深打动人心，让心灵的艺术家默默地雕刻出这幅永恒的艺术品。夜未深，缕缕微风拂来，送来阵阵凉爽。听，虫子在说悄悄话呢！蟋蟀在草丛间跳来跳去，发出"吱吱"的响声；飞蛾在灯盏下飞来飞去，"嗡嗡"地震动翅膀。劳累了一天的人们吃过晚饭纷纷出来散步、聊天，大人们聊着不同的话题，小孩儿们游戏时"嘻嘻哈哈"，和虫子们的叫声响成一片，真是一派热闹的景象。夜深了，鸟儿们回窝了，大人和小孩儿也都回家准备休息，四周渐渐变得静寂了。远远的，墨蓝的夜幕中那亮白的星星，闪闪烁烁，偶尔一架飞机闪着红绿交替的光掠过。一盏盏路灯像一个个忠诚的士兵笔直地站在路旁，发出柔和的、淡黄的光。路灯在草地上斜斜地打出一个圆圆的光影，光影外那翠绿的草像观众，欣赏着光影内黄绿的草儿舞动。一旁，粉红、深紫、鹅黄的花朵，一改白日里的蔫头耷脑，神清气爽地点头微笑；绿绿的柳枝在柔和的夜风里跳着圆润的华尔兹……

夏之夜很美，它的动态美和静态美相结合，让这幅永恒的艺术品充满了传奇的色彩。

昌平的美

潘　秀

151

我居住在北京这个美丽的大花园。园中盛开着深紫的、浅红的、鹅黄的花朵，我觉得就数昌平这朵花开得最鲜艳、最明丽。来逛逛我们昌平吧。

昌平自古以来就是一块风水宝地。明朝历代皇帝都在这里建立陵墓并长眠于此——这就是十三陵。在十三陵的神路景区，整齐地排列着二十四只石兽和十二个石人，造型生动，雕刻精美。看着这些石兽，就好像进了一个动物园，我仿佛听见了狮子"嗷嗷"的吼声、马儿"咴咴"的嘶鸣声、"嗒嗒"的马蹄声和大象"砰砰"的沉重脚步声，好热闹啊！狮子的眼睛瞪得大如铜铃，冒着凶光，胡须和头发黄澄澄的，一根根立了起来，龇着一口惨白的牙齿，仿佛看到自己垂涎已久的猎物被别人瓜分，仿佛看到自己的领地被别人侵犯，还仿佛不满我们打扰了这里的宁静，想把我们驱逐出去。往前走，是威风凛凛的战马。仔细观察，石马身上居然没有马鞍，我听说是因为把兵器入库，马放南山，表示天下太平，显示明朝皇帝的丰功伟绩。这里的石像构思巧妙，十分有趣。

再来尝尝我们这儿的草莓吧。兴寿的草莓闻名遐迩。熟透的草莓红红的，宛如一颗颗璀璨的红宝石镶嵌在碧绿的翡翠中，宛如红红的小太阳在翠色欲流的草原上冉冉升起，又宛如一面面小红旗在绿色的春风中飘扬。它散发出甜蜜诱人的香气，闻起来既有牛奶的奶香，又有花蜜的甜香。吃起来，凉飕飕，甜丝丝的，鲜嫩多汁，格外细腻，让你吃得停不下来。

神路石像肃穆生动，兴寿草莓又香又甜，昌平名胜很多，特产也很多，随时欢迎你来这里看看。

152

千姿百态的云

张文雅

夏日的云一朵朵洁白如雪，一朵朵鲜红如火，飘啊飘，飘进我的心里。

湛蓝的天空中，有的云朵无拘无束，飘逸盎然，仿佛一个个漂亮的气球悠然地飘来飘去，仿佛一只只可爱的海鸥自由地翱翔，还仿佛一只只白色的画笔在天蓝色的画布上尽情描绘；有的云朵安安静静，纹丝不动，似平静的湖面，似稳重的泰山，还似肃穆的宫殿。这些云朵，真像一个劳逸结合的孩子，学的时候专注，玩的时候调皮。看，它们千姿百态。有的像老人抽烟，那呛鼻的气味把在地上的我都熏到了，有的像小羊吃草，一边吃一边"咩咩"地叫着，还有的像一架客机"隆隆"飞过，乘客们向我们挥手致意。看着那白白的奶油一样的云，就好像闻到了巧克力冰激凌的可可香，就好像闻到了蛋糕的奶香，还好像闻到了花朵甜蜜的芬芳。

傍晚降临，太阳像一个羞红了脸的孩子，悄悄地隐退西边，将余晖洒向一朵朵白云，给它们披上了深浅不一的红衣裳，红得一点儿也不单调。这一团，红得甜美，似诗意的少女；那一团，红得娇艳，似靓丽的少妇；又一团，红得醉人，似悠闲睿智的老人。

夏日的晴空，有了这些白云和红云的点缀，绚丽多彩。

153

江边漫步

徐一凡

夏天的夜晚，我们走出家来到江边散步，一阵清新的空气向我们扑面而来。

江边朦朦胧胧的，水面上倒映着远处的灯火，像一根根彩色的冰柱。江边有很多人，有的在散心，有的靠在江边的栏杆上休息，有的在遛狗，还有的在钓鱼，他的鱼竿上挂着彩色的灯，好像是为了引诱鱼儿上钩，才这么做的。

江的旁边有几个白色的小亭子，顶上发出彩色的灯光，在夜晚的衬托下像一个个彩色的小蘑菇。我们走着走着来到了一个小广场上，那里有很多人在跳广场舞，他们要么三五成群，要么两个一伙。

我爱夏夜的江边。

雪花·泪花·鲜花

李秀梅

在一个世界著名的大城市里，年仅八岁的小玛莉独自坐在圣菲尔广场上的神像前。她不住地哭泣，神色呆板、悲哀。原来小玛莉的妈妈得了一种怪病，远近的医生看了都摇头。要知道，玛莉的爸爸在穿越大西洋到巴西挣钱的时候，因船触暗礁沉没而葬身海底，玛莉的家里还有好几万美元的外债。小玛莉只有妈妈一个亲人了。她和妈妈相依为命，而现在，妈妈也……小玛莉的眼泪又像断了线的珠子落在雪地上。

雪还是纷纷扬扬地下着。富户的房子里不时飘来烤鸭和菜的香味。要知道，这是圣诞节之夜啊！

"玛莉！""玛莉！"远处传来了喊声。人影渐渐靠近了，玛莉站起来，抖了抖金发上面洁白晶莹的雪花。啊，原来是好伙伴汤姆、约翰和伊丽莎白。他们是打算把玛莉和她妈妈接到自己家过圣诞节的。玛莉同意到伊丽莎白家。

夜幕降临了，四个好朋友边走边说话。玛莉凝视着漆黑的夜空，思索着，突然，一朵金黄色的鲜花随着风雪飘落下来，玛莉好奇地接住它，发现花茎上系着一张来自花仙子的纸条，上面写着："赠品德最好的少年。这朵花可以满足你的一个要求。"玛莉眼睛一亮，小伙伴围拢过来，玛莉把自己的想法——给母亲治病说了出来，伙伴们都高兴得直跳。正当他们高兴的那一瞬间，一阵黑风吹来，霎时天昏地暗，雪花经受不起黑风的袭击，变得又黑又丑，那黄色的鲜花一下子被吹在了空中，顺风飘去，一会儿就无影无踪了。

玛莉和小伙伴们被吹得头晕目眩。玛莉惊恐地、茫然地望着黑风远去的地方，那朵神奇的黄花也夹杂在里面。

花仙子出现了。她对玛莉说："这是大鼻子黑风怪把宝花抢走了。黑风怪有一个弱点，那就是害怕红色的鲜花。你采一万朵红花，把花瓣晒干压成粉末，然后搓成红丸，在晚上11点钟时到阿尔卑斯山脉的断壁前举起红丸，说：'红丸到，壁断开！'岩壁就会裂开一条缝。你进洞，趁黑风怪睡觉的时候把红丸塞进黑风怪的鼻子里，那黑风怪就死掉了。你赶快找出宝花，务必在12点钟前走出岩壁，不然你将被终生困在里面。"花仙子说完就不见了。

伊丽莎白照顾玛莉的母亲，玛莉、汤姆和约翰出发寻找宝花。他们先采集了一万朵红花，搓成红丸，然后来到断壁前，进了岩洞，想不到把黑风怪吵醒了。黑风怪穷凶极恶地朝玛莉扑过来，玛莉往旁边一躲，照准黑风怪的鼻子就把红丸扔了过去。恰巧，黑风怪打了一个哈欠，鼻子往上一抖，那红丸不偏不倚地射进黑风怪的鼻子里，黑风怪尖叫了一声，倒在地上死了。玛莉急忙从黑风怪的枕头底下取出金黄色的宝花，拉着吓坏了的约翰和汤姆往外跑。汤姆一出洞，那洞口马上合死了。

玛莉、约翰和汤姆回到家时，已经是黎明时分了。玛莉拿着宝花说："让我妈妈的病痊愈吧！"奇迹出现了，妈妈病好了，破旧的茅屋一下子变成了豪华的大庄园。这时候，玛莉流下了激动的泪花。玛莉请周围的穷人来到这个大庄园里住，大家一起幸福地生活着。

那一刻，我长大了

贾心蕊

长大，对我来说像是如成人一样，严谨威风。但生活中总有一些瞬间，让"长大"不再那么遥不可及。

"贾心蕊！"一声厉喝似乎要穿透我的耳膜。我也不甘示弱，朝着喊我名字的那个女人——我的妈妈，大声地顶撞了一句："干吗！"这么大声干什么？我又不是聋子！我不满地翻着白眼。

"你对我说话什么态度？胆子大得很啊？你考得这么差还在这儿心安理得地看电视！"我妈看见我的白眼，也在怒瞪着我。

"哎呀，烦不烦，我不就这一次没考好吗？再说了，我所有作业都写完了，凭什么不能看电视……"

这注定是一场持久的口水战。战斗双方你不让我，我不让你。我妈妈性格要强，脾气又烈；我认为我长大了，是大孩子了，不想干什么都听大人指挥。所以，我俩吵起来通常都没结果，最后还得靠我妈的"武力"解决。

但是，这次吵着吵着，我发现妈妈不见了。我这才想起，刚才她摔门而出，丢我一个人在家了。可我要面子，才不管呢！我看我的电视呗！

越来越不对劲。我看了眼手表，已经9点多了，妈妈还没回来。我打开家门，外面一个人也没有。我慌了，到处找手机，准备给妈妈打电话。拾起手机一看——没电了！怎么关键时刻掉链子！

此时，我的腿发软，无力地瘫坐在地上。早知道这样，我就不和妈妈吵了！这世上若有后悔药该多好！两滴泪在眼眶里打转。虽然我们总是吵，我还总顶撞她，但妈妈不在身边，我是真不习惯！

隐约中，耳边传来鞋跟与地面碰撞的声音，抬头见，一张纸巾递到我眼前——妈妈回来了！

我拉住妈妈的手，哽咽道："妈妈，我……我以后不会这样了……"

妈妈拍拍我的肩膀："你长大了，是大孩子了，妈妈知道用强硬的方式管不好，所以你要学会自觉。"

恩，妈妈，我好像懂了。不愿受大人管教，不顺从爸妈的意愿，这不叫长大。长大，可能就是知道改正自己的一个错误，自立自觉地管住自己的一个过程。就在我抱住妈妈的那一瞬间，我明白了什么是真正的长大。

157

文明只差一步

阎依彤

走在放学的路上，天蓝蓝的，云白白的，呼吸着新鲜的空气，突然闻到一股臭味，顺着臭味走下去，有一个垃圾桶，周围有一大堆垃坂，有果皮，纸屑……看，那个男人吃完香蕉，像投篮似的"嗖"地一下把香蕉皮扔向垃圾桶，结果香蕉皮掉在了桶外面。我和小明真是看不下去了，太原现在要争创文明城市，可是垃圾桶周围全是垃圾，这可不行。

我和小明决心要把垃圾都收拾干净。"那我们借用一下清洁工的手套和扫把把这里来清理干净吧。"小明提议。我说："可是不知道会不会有清洁工来这里。"果然，我们等了十几分钟，都没看见一个清洁工的身影。"那就只能用手来清理了。"我说。"好吧，那开始吧。"小明爽快地答应了。

我负责把垃圾都集中到一起，小明负责把集中好的垃圾都放入垃圾桶里，可是还没干到一半我们俩就快被臭晕了，可想而知，平常清洁工们是多么辛苦。过了好长时间，好不容易才把垃圾放到垃圾桶里，可是总觉得少了些什么，噢，对了，小明从书包里找出纸，在纸上写了一条标语"文明只差一步"，并把标语贴在了垃圾桶上。好了，我们背上书包，往家走，回家的路上，我格外轻松，可能是我因为城市做出了贡献而感到轻松吧。

我们作为小学生，做不了什么大贡献，但比如将路边的空瓶子扔进垃圾桶，这也叫作一种贡献。

捡起的是什么

李　博

　　坐在15路公交车上，我大口大口地呼吸着新鲜的空气，一边慢慢地拍着胸膛，一边在为刚才的"险情"担心着，真是心有余悸啊！

　　我喜欢在放学之后吃几串烤面筋，那滋味，啧啧，让人茶不思，饭不想！可从今往后，我一辈子也不可能吃烤面筋了！不，是不敢吃了！要问为什么，那就请听我细细道来。

　　我今天下午放学后，肚子里的馋虫又不老实了，蠢蠢欲动。望着香喷喷的烤面筋，我咽了咽口水，舔了舔嘴角，正准备上前大饱口福之时，只见那店主鬼鬼祟祟的，这引起了我的好奇，我便仔细观察了起来。

　　只见那人东张西望，两只眼珠在眼眶中转过来转过去，不怀好意地望着每一个路过的人，趁人少之时，迅速从地上捡起一个东西，以迅雷不及掩耳之势，把那个东西塞入塑料袋。哇！好快啊，但还是被我看得一清二楚。什么？竟然是面筋？我气愤极了！就在这时，来了一位买面筋的倒霉女士！"老板来两串，不要辣椒！""好嘞！"只见他熟练地把从地上捡起的面筋沾上孜然粉，递给了那个女士。

　　"怎么能这样！"我失声大叫了出来。他捡起来的仅仅是面筋吗？不，不是的，他捡起了贪婪！他丢弃了一个商家该有的诚信！

食品安全十分重要，他这么做是对自己的不负责，是对消费者的不负责！

他捡起的到底是什么呢？丢弃的又是什么？人们总是如此贪婪，不惜一切代价！君子爱财，取之有道！可有些人，却捡起了这个世上的罪恶，丢弃了这个世上的美好！

自由之羽

林琳娜

突然，全班哄堂大笑。我不知发生了什么，好一会儿才反应过来。

原来，是一片飘到教室里的羽毛引起大伙儿的大笑。可我不禁想：一片小小的羽毛，怎么有这么大的威力，使全班包括老师在内也笑了起来？

我闭上眼睛，回放一下当时的情景。当时，只听老师说了一句话："一片羽毛有什么好看的！"对，是从这句奇怪的话开始的。原本专心致志听课的同学们都顺着老师的目光，一起望向了林滨华，以及他头顶上那一片原本不引人注目的羽毛。那片羽毛优雅自在地飘在空中，仿佛还没受到惊吓一般，把全班同学当成了空气。我看看一脸严肃的老师，不禁为那位同学捏了一把汗。

无趣的羽毛渐渐地要飘落下来，只见下面的同学生怕这"惹祸精"会给自己引来"杀身大祸"一般，一个个抬头把它吹开。于是羽毛飘到了我们组长的正前方。只见老师此刻一脸轻松，也许是因为羽毛的"空中芭蕾"太优美飘逸了吧，所以组长经不住诱惑，索性伸手想把它抓住。谁知羽毛狡猾地随风而动逃脱了"魔爪"，飘向了下一站。教室里又响起一阵笑声。谁知这自由的羽毛，就此再难逃脱了——它被守株待兔的卢逸扬生擒活捉，结束了这趟自由之旅……

此刻，我再看看同学们：个个神采奕奕，显得十分精神。陈老师也满面春风地看着那些津津乐道的同学……当大家看着羽毛被"放生"窗外之后，教室里一片寂静。也许大伙儿都在回味着刚才发生的课堂插曲，心儿已随着羽毛展开自由之翼飘向远方……

教室里来了"不速之客"

陈允寿

161

早读课的时候，同学们在班长的带领下声情并茂地朗读课文，或许是琅琅的读书声太美妙了，竟引来了一位"不速之客"——蜜蜂。它悄悄地扑腾着小翅膀从窗口溜进来。

最先发现蜜蜂的是靠窗口的胆小的女孩儿，她突如其来地发出一声尖叫，从凳子上跳起来，指着蜜蜂，使劲往外退。那声音犹如一声旱雷，也算得上是惊天动地。他旁边的男生也忙缩起身子，一副随时准备夺路而逃的样子。

蜜蜂飞进来，"嗡嗡嗡"地在教室上空不紧不慢地跳着"8"字舞，真让人怀疑它把教室当成了花园，我们还真是祖国的花朵呢！可是这位"不速之客"它不受欢迎啊,女生看到它歪斜着身子躲开,还胡乱地向它甩着书本示威;胆大的男生则拿出"护花使者"的本事,看到蜜蜂飞近,伸手就使出"大鹰爪手"。这下可苦了这位客人,飞低了要遭受各式各样的攻击,飞高了未免要碰着天花板,还得随时提防各式各样奇形怪状的 "暗器",包括废纸团、烂笔头、本子等等。

教室里闹翻了锅,同学们同仇敌忾,对蜜蜂发动了"车轮战"。班长都没有办法阻止同学们了。后排的"猿猴"毛达马上想出来新花样——拿着一把扫帚满教室追着蜜蜂转。他的铁哥儿们赶紧起哄,班里比"六一"举行的拔河比赛现场还要热闹。许岳马上拿出他的经典动作,扭着屁股唱起了新歌:"蜜蜂蜜蜂我爱你,马上飞到我这里……"

俗话说狗急了还会跳墙,小小蜜蜂也不是好惹的,它一个俯冲下来,正使着"擒拿手"的同学手背上便被刺起了包,可蜜蜂也好不到哪里去,还没有来得及庆祝"初战告捷"就被横空飞来的一本书拍到地上,晕头转向飞不起来了。

班长可实在是忍无可忍了,猛地一拍桌子:"别吵,别吵,老师来了!"一听这话,教室里立马"唰"地安静了下来,琅琅的读书声又响起,至于"不速之客"蜜蜂呢?被学习委员放到窗外去了。

一"张"友情

蔡巧秀

记忆也许就是白纸上的墨点，虽然微小，但是清晰可见；记忆也许就是刻在石头上的一行小字，虽然微不足道，却深刻地记在脑海，牢固地封存在心头。

时光荏苒，一晃几年时光匆匆过去，而我唯一的一张同学录至今还完好无损地保留在我的日记本里。在这之前，从来没有人以这种形式出现在我的日记里，也没有人能够让我久久不能忘却。在别人眼里，也许这只是一张普通的同学录，但在我眼里，它却是一"张"友情。

六月，一个充满生机的月份，在我看来，它却是一个分离的日子。一场考试，三张试卷，考散了一群"疯子"，最后只留下了一张同学录和一声再见。六月前，当我想到这些时并没有什么感觉，可是六月后，再想到这些，眼泪却止不住地往外涌。后来想想，那大概是一种怀念吧。

我清楚地记得那天，考完试后，我们回到了教室，许多人手里的笔都在写个不停，笔下都是一张张同学录。而我，一个人趴在桌子上，冷漠地看着周围忙碌的一切，心里想着：几年的友谊，最后却只能用一张纸来怀念，真是可笑！

我的理解

"你能填一下这个吗？"一个女孩儿的声音传到我耳边。我抬起头，迎面看到的是我们班里的一位很文静的女同学。"为什么？"我反问道。她有点儿不知所措，却又马上对我说："要不然我给你填，你给我填，我们交换好不好？"我勉强答应了，拿起笔潦潦草草地写了几个字，递给了她。她也递给了我一张。不同的是我收到的却是一张字迹工整、认真书写好的留言："我一直都不明白为什么你每天都是一副不开心的样子，其实你笑起来真的挺好看。"当我满含愧疚地想要给她再写一张时，她却已经被父母接走了。再后来，听说她搬家了，我为此失落了很久。

如今，每当我翻开日记，总会在第一页看到夹着的那张纸。也许这"张"友情会一直这样珍藏在这里吧。

164

我的数学老师

沈庆祥

在一个飘满菊花香的日子里，我见到了她，她是我新任的数学老师。

她有些瘦削，眼睛却很大，炯炯有神，她戴着一副粉色的、椭圆形镜框的眼镜，嘴角上总是浮现出甜蜜的笑容。

冬日午后，天灰沉沉的，风呼呼地刮着。

我无法忍受困意，便趴在课桌上沉沉睡了过去。不知过了多久，我感觉有一个人在摸我的头。我抬起头，撞到了数学老师关切的目光。看我醒来，她笑着对我说："别睡了，再睡就磕到脑袋了！"于是，我又羞又愧，打起精神，脸色通红地认真听起课来。

春日清晨，空气中满是弥漫的花香。

因为贪玩，我又没有完成英语作业，英语老师气得不再理我。不知怎的，这事让数学老师知道了，把我叫到她的办公室。她一边轻轻敲着我的脑袋，一边和蔼地对我说："你这么优秀的孩子，怎么能不完成作业呢！走，我带你去找英语老师道歉去！"看着数学老师宽容的眼神，听着数学老师鼓励的话语，一股暖流涌进了我的心房，眼眶变得湿润起来。最后在数学老师的"调解"下，英语老师原谅了我，我也再没有不完成作业过。

但数学老师并不总是温柔的。

初夏傍晚的自习课上，我提前完成数学任务。于是，从书包中大摇大摆取出其他学科的书和作业，提起笔开始做了起来。突然身后传来一声怒喝："你给我出去！"我顿时吓得魂飞魄散，回头一看，老师怒容满面："你在数学课上做其他科的作业，是对我极大的不尊重！"于是我乖乖地走出了教室，站在了门外。过了一会儿，数学老师走了出来，语重心长地对我说："在数学课上做其他的，你首先是不尊重老师，而且这也是你不会合理安排时间的表现。这次我对你说了，以后就不能再犯了，听到了没有？"我用力点了点头，从此我对数学老师产生了敬畏之情。

数学老师，谢谢您如此关心我，教育我，我一定不会忘记您对我的教育之恩！